다음 세대를 생각하는
인문교양 시리즈

마이너 없이
메이저 없다

풀꽃 시인이 세상에 보내는 편지

나태주 지음

샘터

그대의 시간을 축복합니다

나태주

젊고 어린 벗이여.
나 지금 늙은 사람이지만
나도 한때는 어린아이였고 소년이었고
청년이었고 장년이었다오.

그런데 누가 나를 이렇게
늙은 사람이 되게 했을까요?
우리 어머니였을까요?
아니면 우리 아버지였을까요?

아닙니다.
나 스스로 이렇게

늙은 사람이 된 것입니다.
누구를 원망하고 탓할 일이 아닙니다.

나를 이렇게 만든 것은 시간입니다.
시간이 나를 이렇게 만든 것입니다.
그 시간은 어린 벗 그대에게도
마찬가지로 그렇게 할 것입니다.

세상에서 가장 무서운 존재는 시간입니다.
시간은 그 무엇을 주고도 살 수가 없고
다른 사람의 시간을 빌려 올 수도 없고
나의 시간을 빌려줄 수도 없는 것입니다.

시간이 소중한 줄 알고 살면
그것 자체가 성공이고 행복입니다.
시간을 아껴서 사십시오.
시간을 사랑하면서 사십시오.

그대 앞에 있는 광주리.
그 광주리에 가득한
빛나는 시간을 축복합니다.
부디 그대의 시간을 껴안아 주십시오.

선하신 귀의 주인이여

이제부터 나는 긴 이야기를 시작하려고 해요. 주로 요즘 젊은 세대들에 관한 이야기를 해보려고 그래요. 내가 전국을 돌면서 문학 강연을 많이 하는데 강연장에서 하는 이야기들을 좀 체계를 세워서 해보고 싶어요. 입으로 하는 이야기는 음성 언어로 하는 거니까 그냥 자취 없이 사라지고 말잖아요. 그래서 문자 언어로 기록해보려고 그러는 것이에요.

언제든 나는 새로운 책을 쓰려면 두렵고 막막한 생각이 앞서요. 과연 내가 이 책을 끝까지 쓸 수 있을까? 그런 의문이 들면서 자신감이 살짝 없어지는 것이지요. 그래서 꼭 책을 쓰기 전에 오랜 시간

망설이고 서성이게 되고 신에게 기도드리고 싶은 심정이 되지요.

차라리 지금은 신에게 무릎을 꿇고 부디 나에게 지혜를 주시고 맑은 생각을 주십시오, 기도드리고 싶은 심정이에요. 정말 그러실까요? 정말 그랬으면 좋겠어요. 왜 이런 일을 생각하고 또 그 일을 시작하려고 그러는 것일까 후회스러운 심정이기도 해요.

그렇지만 일단 목표를 세우고 가는 데까지는 가볼 일이에요. 평소 생각이 그래요. 무슨 일이든 시작도 안 해보는 것은 매우 게으른 일이고, 시작한 일을 중간에 포기하거나 중단하는 것은 매우 어리석은 일이라고요.

다른 글이나 책에서 했던 말을 다시 하기도 할 거예요. 그렇지만 순서가 다르고 쓰임이 다를 거예요. 무엇보다도 책을 읽는 대상이 다를 거예요. 어디까지나 이 책을 읽는 대상은 젊은 세대들이에요.

그래요. 이 책의 독자는 젊은 세대들이고, 이 책의 저자는 늙은 사람이에요. 늙은 사람은 인생을 살 만큼은 살아본 사람이지요. 그런대로 경험이 있을 것이고 생각이 있을 것이고 보고 들은 것이 많을 거예요. 그 가운데에서 젊은 세대들에게 들려주고 싶은 것들만 골라서 해보려고 그러는 것이에요.

일단 가까운 귀는 당신의 귀예요. 단수의 귀이지요. 그렇지만 그 하나의 귀가 여러 사람의 귀가 되기를 소망해요. 귀에서 귀로 이어지는 아름다운 고리를 소망하고, 그 귀를 가진 사람들의 가슴과 가슴에 피어나는 아름다운 꽃밭을 꿈꿔요.

이 책을 읽는 당신이 우선은 도와줄 거예요. 그런 다음에는 당신 친구들이 도와주고 당신 또래의 젊은 사람들이 또 도와줄 것이에요. 그렇게만 되면 나는 나의 이야기를 끝까지 할 수 있어요.

이야기들은 편의상 몇 개의 덩어리로 나누어지겠지만 한 편의 글은 길지 않을 거예요. 물론 표현이나 구성도 복잡하지 않을 것이고요. 가볍게 접근해서, 가볍게 들여다보면서, 가볍게 생각하도록 글이 써졌으면 해요. 가장 좋은 글은 내면이 들여다보이는 글이고 또 오해가 없는 글이란 것을 알기 때문에 하는 말이에요.

공손하고 아름다운 귀여. 선하고도 부드러운 귀여. 잘 들어주세요. 많이 도와주세요. 그대의 도움이 진정 필요합니다. 언제든 나에겐 동역자가 있어야 했고 동행인이 그리웠어요. 우리 같이 갑시다. 멀리 갑시다. 가면서도 우리 외롭지 맙시다. 선하신 귀의 주인이여. 잘 부탁합니다.

나태주

| 차 례 |

여는 시 그대의 시간을 축복합니다 _ 4
여는 글 선하신 귀의 주인이여 _ 7

1장. 마음의 징검다리
내 이름 나태주 _ 14
어떻게 시인이 되었나? _ 18
외할머니와 함께 _ 22
마이너 인생 _ 25
내가 잘한 일 _ 29
앞으로 10년 _ 33

2장. 바람의 징검다리
안다는 것 _ 40
공부란 무엇인가 _ 43
성공이란 _ 46
좋아하는 마음 _ 51
기뻐하고 즐거워하라 _ 55
너무 빠르다 _ 58
'무엇'과 '어떻게' _ 62
결핍의 축복 _ 66
터닝 포인트 _ 70

좋은 친구 _ 74

사랑이란 _ 79

행복이란 _ 82

3장. 구름의 징검다리

중학생들과의 만남 _ 86

쏠림 현상 _ 90

취업과 결혼 _ 93

인생 사계 _ 97

헝그리와 앵그리 _ 100

메이저와 마이너 _ 104

인생 삼여 _ 109

젊은이들에게 하는 부탁 _ 112

세 가지의 삶 _ 118

달라진 담론 _ 122

명예와 명성 _ 126

수신제가 치국평천하 _ 130

앞으로의 삶 _ 132

4장. 시의 징검다리

풀꽃 _ 136

이 가을에 _ 139

다시 중학생에게 _ 142

선물 _ 146

행복 _ 149

혼자서 _ 152

꽃그늘 _ 155

중학생을 위하여 _ 158

꽃들아 안녕 _ 162

묘비명 _ 165

내가 너를 _ 168

사랑에 답함 _ 171

한 사람 건너 _ 174

시 _ 177

꽃 _ 180

여행의 끝 _ 183

멀리서 빈다 _ 186

닫는 시 어머니 말씀의 본을 받아 _ 189

1장

마음의
징검다리

내 이름 나태주

그렇지요. 가장 먼저 해야 할 일은 자기소개일 거예요. 내가 누구인가? 나는 무슨 일을 하는 사람인가? 지금까지 어떻게 살아왔는가? 그런 걸 우선은 말해줘야 할 것 같아요.

내 이름은 나태주예요. 아버지가 지어주신 이름이지요. 첫 이름은 수웅이었어요. 수웅이란 이름은 우리나라식 이름이 아니고 일본식 이름이에요. 태어난 것은 1945년 민족 광복의 해. 3월 16일. 그러니까 일본 식민지 시절에 태어난 사람이지요.

그래서 이름이 일본식으로 수웅이었어요. 그렇게 초등학교와 중학교를 거쳐 고등학교에까지 이어졌어요. 그런데 고등학교 2학

마이너 없이 메이저 없다

년 초에 아버지가 이름을 고쳐주셨어요. 집안의 돌림자 항렬에 맞춰 '기둥 주柱'를 넣고 그 앞에 '클 태泰' 자를 넣어서 이름을 지어주셨어요.

고등학교 2학년 때부터 나태주예요. 그러나 나는 '태주'란 이름이 부담스러웠어요. 태주란 이름을 그 뜻으로 풀면 '큰 기둥'이에요. 맏아들이기 때문에 집안의 큰 기둥이 되어달라는 아버지의 뜻이 담겨 있었던 것이지요.

그런데 초등학교 선생을 하던 젊은 시절, 어느 해예요. 그때는 학생들이 선생님 이름을 부르는 것으로 놀리고 장난을 치고 그러던 시절이었어요. 하루인가는 비 오는 날 퇴근을 하려고 교무실에서 나와 운동장을 질러가는데 어디선가 아이들이 그러는 거예요.

"나 좀 태워 주." "나 좀 태워주세요." 처음엔 그게 무슨 소린가 했는데 나중에 알고 보니 내 이름을 가지고 놀리는 것이었어요. 그래서 그 뒤 생각하게 되었지요. 아, 그렇구나. 내 이름이 '나 좀 태워주세요'니까 자동차 없이 살아도 좋겠구나. 그래서 나는 끝내 자동차 없이 사는 사람이 되었다고 말을 하지요.

일종의 핑계이고 농담입니다. 나는 평생을 초등학교 교사를 했어요. 열아홉 살 때부터 선생님이었어요. 초등학교 교사를 길러내는 사범학교에 다녔고, 그 학교를 졸업하고 나서 바로 선생이 되었어요. 그렇게 해서 43년 동안 교직에 머물다가 2007년 8월에 정년

퇴임을 했지요.

말하자면 은퇴한 사람입니다. 고맙게도 연금으로 생활하는 사람이고요. 그런데 1971년부터 나는 시인이기도 했어요. 서울신문이란 중앙지 신춘문예에 시를 응모하여 시인으로 당선되어서 그렇게 된 것이지요. 그 뒤로부터는 계속 초등학교 교사이면서 시인이었어요.

교사 시인. 시인 교사. 둘 다 좋은 호칭입니다. 나중에 교장이 되었을 때는 시인 교장, 교장 시인이라 불렸지요. 시인들은 내가 교장인 것을 부러워했으며, 교장인 친구들은 또 내가 시인인 것을 많이 부러워했지요. 정말로 그리운 시절, 아름다운 시절의 이야기입니다.

어쨌든지 나는 스스로 교직은 직업이고 시인은 본업이라고 말하면서 살았어요. 이것은 궤변이나 마찬가지의 말이지요. 내 딴으로는 이런 생각이었습니다. 교직은 생계 수단으로 어쩔 수 없이 버릴 수 없는 직업이고, 시인으로 사는 일은 내가 하고 싶은 일이니까 본업이라는 것이었지요.

정말로 나는 낮에는 교사로 살았고 저녁에는 시인으로 살았습니다. 부지런히 읽고 외우고 쓰고 베끼고 그런 삶을 끊임없이 계속했습니다. 교사로서는 최선을 다하지 못한 일면이 있습니다. 언제나 일급 교사가 되지 못했지요. 나한테 배운 학생들에게 미안한 심

마이너 없이 메이저 없다

정이지요.

그러나 교직에서 물러난 뒤에도 나에겐 할 일이 남았지요. 시 쓰는 일이고 시인으로서 사는 일입니다. 오히려 교직에서 물러난 뒤 더욱 열심히 시를 썼고 더 많은 책을 냈습니다. 제2의 인생이 시작된 셈이지요. 꼭 그렇게 살아보고 싶었는데 그 살아보고 싶은 삶을 살아가는 날들이었지요.

그래서 공주문화원장도 할 수 있었지요. 8년 동안이나 문화원장으로 일을 했는데, 그건 내가 교직에 있었고 한때 교장으로도 근무했기 때문이 아니라 오로지 내가 시인으로 살았고 또 공주에서 문화계 인물로 그동안 일을 했기에 가능한 일이었지요.

오늘날 내가 학교나 지자체나 도서관, 문학 동아리, 독서 모임 같이 여러 군데에 문학 강연 강사로 불려 다니는 것도 오로지 시를 줄기차게 쉬지 않고 써온 덕분이라고 생각해요. 책을 계속해서 쓰고 또 그 책들이 그런대로 팔리는 것도 역시 시인이기에 가능한 영광이라고 생각해요. 감사한 일이지요.

어떻게 시인이 되었나?

그다음으로는 내가 어떻게 해서 시인이 되었는가, 그것에 대해서 좀 이야기해야 할 것 같아요. 앞에서도 잠시 밝혔듯이 내가 시인으로 데뷔한 것은 1971년입니다. 시대적으로 매우 불안정하고 혼미한 시절이었지요. 그것은 내 개인의 일로서도 마찬가지였지요.

나이는 만으로 26세. 그보다 2년 전, 육군에서 제대하고 학교에 복직을 하였는데 거기서 한 여교사를 만났지요. 그 여교사에게 그만 반하여 열심히 고백하고 인정받으려고 노력했지만 버림을 받고 심한 좌절감에 빠져 허우적거리던 때였지요. 그 힘든 마음을 시로 써서 신춘문예에 응모했는데 그 시가 당선된 것이에요.

마이너 없이 메이저 없다

어쩌면 그때 나를 과감하게 버려준 그 여교사가 나를 시인으로 만들어준 사람이나 다름없는 일이지요. 참 이건 야속하고도 아이러니하고도 답답한 일이지만 확실한 거예요. 큰 그림으로 봐서 그 여교사는 나에게 은혜를 준 것입니다. 너는 시인으로 살아라, 축복을 준 것입니다.

인생을 큰 그림으로 볼 때 그래요. 당시엔 지극히 어둡고 원망스럽고 불행하고 절망스럽고 그랬는데 나중에 와서는 그렇다는 것이지요. 만약에 그 시절 그 여교사가 나를 버려주지 않았다면 나는 결코 지금처럼 사는 사람이 아닐 것이에요.

그 당시의 직장이 경기도에 있었으니까 지금쯤 나는 경기도의 어느 도시나 인천 같은 대도시에서 사는 사람이 되었을 거예요. 또 지금처럼 자동차 없이 사는 사람이 아닐 것이고 분명 자동차 운전을 하면서 사는 사람일 것이고요. 또 지금처럼 지은 지 30년이나 되는 시골 도시 변두리 낡은 아파트에 사는 사람이 아닐 것이에요.

오늘날처럼 공주 시내에서 오직 자전거만을 타면서 유유자적 살아가는 사람이 된 것도 그 여자가 나를 버려준 결과이고, 시인이 된 것은 더욱 말할 것도 없이 그 여자의 덕분이지요.

그렇지만 내가 시를 처음 쓰기 시작한 것은 그보다 더 오래전의 일입니다. 그로부터 10년쯤 전의 일이지요. 앞에서도 밝힌 바와 같이 나는 초등학교 교사가 되는 공주사범학교를 다녔습니다. 고향은 서천. 서천에서 중학교를 졸업하고 공주에 와서 들어간 학교가 공주사범학교였지요.

그 학교에서 한 여학생을 만난 것입니다. 그 여학생을 통해서 처음 이성에 대한 연모의 정을 느끼고 배웠지요. 아무런 조건 없이 좋아지는 마음이 있었고 무작정 기우는 마음이 있었지요. 한번은 어렵게 그 여학생의 집 주소를 알아내어 편지를 쓰기도 했지요. 고등학교 1학년 때 여름 방학 무렵이었지요. 그렇지만 나의 편지를 그 여학생의 아버지가 받게 되고 답장이 그 아버지한테서 오는 바람에 더는 편지를 쓰지도 못하게 되었지요.

그것이 만으로 열다섯 살의 나이입니다. 그 뒤로부터는 오직 그 여학생을 멀리서 지켜보고 그 여학생을 꿈꾸는 일로 학창 시절을 보냈지요. 더는 편지를 쓸 수도 없고 그렇다고 좋아하는 마음을 버릴 수도 없어 고민 끝에 찾아낸 것이 시의 형식입니다. 시를 쓰는 길만이 유일하게 그리움의 감옥에서 벗어나는 방법이었습니다.

그러고 보면 시의 씨앗을 심은 부분에 한 여성이 있었고, 그 씨앗이 오랫동안 잠들어 있다가 싹을 틔운 부분에도 한 여성이 있었다고 보아야 할 것입니다. 어차피 그런 점에서 내 시의 출발은 연애편지에서 출발했다고 보아야 할 것입니다.

연애편지. 러브레터. 무엇을 쓰나요? 예쁜 마음, 사랑스러운 마음, 울렁이는 마음, 그리운 마음, 좋은 마음을 씁니다. 소재가 그렇다는 겁니다. 또 어떻게 쓰나요? 될수록 예쁜 말을 골라서 정성껏 씁니다. 상대방의 마음에 들도록 최선을 다해서 씁니다. 그렇습니다. 시도 그렇다고 생각합니다. 상대방의 마음을 내 편으로 가져오기 위해서 쓰는 것이 시입니다.

애당초 나의 시는 한 여성에게로 가는 러브레터였지요. 그러나 시간이 흘러가면서 그 러브레터는 한 사람에게서 여러 사람에게로 가는 러브레터로 바뀌었지요. 그래서 지금은 세상으로 보내는 러브레터가 나의 시라고 생각합니다.

나의 시가 사람들에게 인정되고 그런대로 읽힌다면 그것은 그동안 내가 보낸 러브레터가 세상 사람들에게 받아들여진 증거입니다. 그 가운데서도 젊은이들이 나의 시를 읽어주고 공감을 표해주는 건 나로서는 가장 복된 일이고 감사한 일이고 또 영광스러운 일입니다. 한 시인의 작품이 젊은 세대들에게 받아들여지는 일보다 더 급하고 중요한 문제는 없는 까닭입니다.

외할머니와 함께

나의 유년 시절에 대해서도 좀 이야기해야 할 것 같아요. 대개 작가
들은 자신의 성장 과정에서 영향을 받는데 그 핵심이 유년 시절에
있거든요. 나도 유년 시절이 특별한 사람이에요. 부모가 모두 계셨
지만 혼자 사시는 외할머니의 손에 얹혀서 자랐거든요.

네 살 때부터 열두 살 때까지입니다. 초등학교 들어가기 전부터
초등학교 다니던 기간 동안. 사람의 일생 가운데 가장 예민하고 중
요한 시기인데 그 기간을 외할머니와 함께 살았던 겁니다. 어쩌면
내가 시인으로 일생을 살아야 했던 것이 그때부터 예약된 일이 아
니었던가 싶기도 해요.

마이너 없이 메이저 없다

외할머니는 남편인 외할아버지를 일찍 여의고 하나밖에 없는 따님인 우리 어머니를 출가시키고 혼자서만 사시는 분이었습니다. 정이 많고 마음씨가 푸근하고 남들에게 무척 잘해주는 분이었습니다. 동네에서 마음씨 좋기로 이름난 분이었지요.

비록 외할머니가 혼자 외롭게 사시는 분이었지만 동네 사람들한테 따돌림을 받거나 괄시받지 않고 살았던 것은 당신이 가진 것을 즐겁게 나눌 줄 알았고 또 남들에게 모진 말씀을 하지 않았던 덕분입니다. 이건 인생을 살아가는 데 매우 중요한 일입니다.

나는 그런 외할머니의 오로지 하나밖에 없는 외동아들처럼, 막둥이 아들처럼 자랐지요. 내 생애 가운데 가장 행복하고 걱정 없던 아름다운 시절을 꼽으라면 서슴없이 나의 유년 시절, 외할머니와 함께일 때입니다. 지금도 행복한 느낌의 꿈을 꾸면 으레(두말할 것 없이 당연히) 외갓집에서 외할머니와 더불어 사는 날들입니다.

외할머니는 학교에 다닌 분은 아니지만 한글을 읽을 줄 아셨어요. 그래서 밤이 되면 나에게 옛날이야기 책을 읽어주셨지요. 그것이 나의 문학적 소양의 기초가 되지 않았겠나 싶어요. 이야기책을 듣고 또 외할머니가 해주시는 옛날이야기를 들으면서 나는 꿈꾸는 아이, 상상하는 아이로 자랐던 게 아닌가 싶어요.

무언가 그리워하는 마음 또한 외할머니로부터 배운 마음입니다. 외할머니네 집은 매우 가난하고 살기가 힘들었습니다. 그렇지만 외할머니는 나에게만은 좋은 것을 먹이려고 했고 춥지 않게 덥지 않게 하려고 애를 써주셨어요. 그래서 나는 가난한 집 아이였지만 가난하지 않은 아이로 자랐지요.

또 한 가지는 자연과 더불어 자랐다는 것입니다. 외갓집 동네는 매우 적막한 시골 마을이었지요. 그렇지만 나무와 풀들이 많았고 새들도 많았고 곤충들도 많았지요. 그 모든 자연조건이며 환경이 어린 나에게는 친구였으며 이웃이었지요. 어차피 나는 시골을 떠나서는 살지 못하도록 된 사람이었지요.

말하자면 촌놈 기질이 뼛속 깊이 박힌 것입니다. 이 점이 또 앞으로의 나에게 시 쓰는 사람으로 살 수밖에 없도록 운명 지어주지 않았나 싶어요. 이래저래 어린 시절, 외할머니와 살았던 시절, 그 자연과 더불어 살았던 시절은 나의 생애에 커다란 영향을 준 시절이 아니었나 싶어요.

외할머니는 어린 나를 '우리 애기'라고 불렀습니다. 그 호칭은 내가 자라서 어른이 되고 결혼을 한 다음에도 여전히 변함이 없었습니다. 그러니까 내가 아무리 나이를 먹고 변해도 외할머니 마음속에 들어 있는 나에 대한 생각이나 느낌은 전혀 변하지 않았다는 걸 말해주는 한 증거입니다. 이런 외할머니가 나에게 있었던 건 나로선 커다란 행운입니다. 이런 외할머니의 사랑을 받으면서 유년 시절, 초등학교 시절을 보낸 것은 더욱 행운이고 축복입니다.

마이너 없이 메이저 없다

마이너 인생

어차피 나의 인생은 마이너 인생입니다. 그건 어린 시절부터 그러했고 성인이 된 다음에도 그러했고 오늘에 이르러서도 마찬가지입니다. 조금은 어둑한 그늘이 드리워져 있고 앞자리가 아니라 뒷자리인 것이 나의 인생입니다.

초등학교 다닐 때부터 그 무엇으로도 특출하거나 뛰어난 공부가 없었습니다. 열심히 하긴 하는데 그 성과가 어중간했고 겨우 남의 뒤나 따라다닐 정도였습니다. 그런데도 평생 갖가지 시험을 치렀는데 한 번도 시험에서 떨어지지 않은 걸 보면 운이 좋았다고 보아야 할 것 같아요.

지도자가 되지 못했고 철저한 추종자도 되지 못했습니다. 늘 외로운 아이였고 외톨이 아이였고 차라리 자발적인 왕따였습니다. 그러기에 생각이 많았고 망설임이 많았고 성취와 만족감이 부족했습니다. 그 결과, 나는 여기 없는 그 무엇, 먼 것을 그리워하는 사람이어야 했습니다.

바로 이것입니다. 이것이 나를 특별한 인생으로 몰아갔습니다. 어려서부터 키가 작고 몸집이 작은 아이였습니다. 그래서 키 큰 아이, 몸집이 우람한 아이들한테 눌리는 마음이 있었습니다. 열등의식입니다. 하지만 나를 키운 것은 또 이 열등의식이라고 하겠습니다.

어떻게든 그것을 극복하고 벗어나야 했습니다. 그러기 위해서 남다른 노력이 있어야 했고, 남다른 마음 쓰임이 있어야 했고, 남다른 시각이 필요했습니다. 일종의 반작용이라 할까요. 그 반작용이 나를 또 특별한 인간들이 모여 사는 마을로 데리고 가주었습니다.

청소년 시절 내가 가졌던 세 가지 소원이 있었습니다. 그건 사실 보통의 소년들이 갖지 않는 소원이었지요. 첫째가 시인이 되는 것이었고, 둘째가 예쁜 여자와 결혼하는 것이었고, 셋째가 공주에서 사는 것이었습니다. 나의 일생은 그 소원을 이루기 위한 노력의 과정이라 할 수 있겠습니다.

첫째로 시인이 된다는 것. 처음 나에게는 시인이 될 만한 자질이나 능력이나 환경이 전혀 없었습니다. 시인으로서의 가능성, 가

마이너 없이 메이저 없다

망이 없었던 것이지요. 다만 시를 읽고 쓰는 일이 좋았고 또 좋았습니다. 현실적으로 가능성은 없으되 시에게는 끝없는 끌림이 있었습니다. 그리고 나에게는 시에 대한 호감이 있었습니다.

그런 내가 앞에서 밝힌 대로 신춘문예 당선으로 시인이 되었을뿐더러 50년 동안 현역 시인으로 버티며 살았으니 시인이 되겠다는 소원은 그런대로 이루어졌다고 말해도 좋을 듯합니다.

그다음 소원인 예쁜 여자와 결혼하는 꿈도 이루어졌다고 말해도 좋을 듯합니다. 여러 차례 여자분들에게 실연의 고배를 당하긴 했지만 오늘날 함께 사는 아내를 만나 그 또한 50년 가까이 살아왔을뿐더러 아이까지 둘 낳아 길렀고 또 그들도 결혼하여 각기 자식을 둔 입장이니 두 번째 소원도 이루어졌노라 할 것입니다.

문제는 세 번째 소원입니다. 공주에 살고 싶다는 꿈. 물론 1979년부터는 공주로 직장을 옮기고 집을 얻어 살고 있으니 공주 사람입니다. 하지만 문제는 공주 사람들의 인정입니다. 조금은 고집이 있고 배타적인 일면이 있어서 공주 사람들은 내가 40년 넘게 살고 있어도 여전히 서천 사람이 공주에 와서 산다고 말을 합니다.

이를 어찌하면 좋을까? 그 문제를 해결한 방법이 공주에서 문화원장이 되는 것이었습니다. 문화원은 비록 조그만 기관이고 민간단체이기는 하지만 그 고장의 자존심과 통하는 기관이고 전통적인 기관입니다. 이에 따라 문화원장은 고장의 정신적 지주이고 나중까지

원로로 대접받는 사람입니다. 그런데 문화원장은 선출직입니다. 회원들의 투표로 결정되는 자리입니다.

결국, 나는 주변 친지들의 권유에 따라 문화원장에 출마, 당선되어 연임까지 하며 8년 동안 일을 했지요. 이로써 나는 명실상부 공주 사람이 되었고 공주 사람들로부터도 공주 사람으로 대접을 받게 되었지요. 이로써 나는 청소년기에 가졌던 소원 세 가지를 모두 이루었다고 말하는 사람이 된 셈입니다.

내가 잘한 일

나를 키운 것은 마이너입니다. 결핍입니다. 부족함입니다. 실패가
나를 키웠고 마이너 요인들이 나를 앞으로 나아가도록 재촉해 주
었습니다. 그 무엇도 좋은 것, 반반한 것, 자신 있는 것, 내세울 만한
것, 자랑스러운 것이 못 되었지만 나는 무너지지 않았고 끝까지 나
아갈 수 있었습니다.

　오히려 반작용이라 할까요. 지금까지 살아오면서 스스로 잘했
노라, 내세우는 항목들이 몇 가지 있습니다. 첫째가 시를 한결같이
쓴 일. 둘째가 초등학교 선생을 역시 계속해서 한 일. 셋째가 시골
에서 계속 산 일. 넷째가 자동차 없이 산 일.

이 네 가지는 결코 자랑이 되지 못하는 일입니다. 오히려 부끄러운 항목들이지요. 그런데도 그것을 가슴에 안고 살아가는 동안 나는 특별한 사람으로 자랄 수 있었습니다. 이 역시 결핍의 축복입니다. 마이너의 승리입니다.

시인은 산문 작가와 비교할 때 여러모로 대접이 부족하고 빈약합니다. 가령 동갑내기인 소설가 최인호만 해도 생전에 대단한 인기와 영광을 누렸던 사람입니다. 한국 문학 전집을 살펴보면, 시인인 나에게는 2페이지 정도 할애될까 말까인데 그는 한 권 통째로 나옵니다. 그래도 나는 그를 너무 많이 부러워하지 않고 기가 죽지도 않아서 이렇게 늙은 나이까지 오게 되었습니다. 스스로 잘했다고 칭찬해 주고 싶은 대목입니다.

시골살이를 계속한 일도 그렇습니다. 영국 속담에 이런 말이 있다고 그럽니다. '도시를 만든 것은 인간이고, 시골을 만든 것은 신이다.' 그렇군요. 내가 시골살이를 고집하는 건 실패자라서 그런 것이 아니라 신이 만든 세상에 살고 싶어서 그런 것이군요. 이렇게 생각하고 나면 세상 전체가 편안해집니다. 그래서 나는 나이가 들어서도 계속해서 시를 쓰는 사람이 되었다고 생각합니다. 보다 자연과 친숙한 사람으로 살아가는 것 또한 시골에서 계속 산 덕분이라 여깁니다.

초등학교 선생을 끝까지 한 일도 그렇습니다. 내 또래들 가운데는 초등학교 교사를 하다가 시험을 치러 중등학교로 옮겨 가거나 학업을 계속해서 대학으로 자리를 옮겨 간 친구들도 있습니다. 그러나 능력이 부족한 나는 그냥 그대로 초등학교 교직을 고수했습니다.

하지만 그 덕분에 말년에 초등학교 아이들의 어법을 빌린 짧고도 단순하고도 쉬운 작품을 많이 써서 독자들로부터 지지받는 시인이 되었다고 생각합니다. 〈풀꽃〉 시가 그 대표적인 작품입니다. 이 작품이야말로 내가 초등학교 교직에 오래 있음으로 해서 받은 선물이라고 생각합니다. 아이들이 준 선물이지요.

마지막으로 자동차 없이 산 인생도 그렇습니다. 젊어서는 돈이 없어서 자동차 없이 살았고, 나이 들어서는 자동차 운전을 하지 못해서 자동차 없이 사는 인생입니다. 그렇지만 이 또한 나로 하여금 특별하면서도 좋은 인생을 주었습니다. 어디를 가든지 나를 아는 사람들은 나를 태워주려고 애를 쓰는 것도 내가 자동차 없는 짐짝 같은 사람이기에 그렇습니다.

자동차 없이 살았으므로 즐겨 길을 걷는 사람이 되었고 그로 하여 조금쯤 더 명상적인 사람, 생각을 많이 하는 사람이 되었다고 봅니다. 공주에는 내가 세워서 운영하는 공주풀꽃문학관이 있습니다. 이 문학관 건물 앞에 나의 자전거가 세워져 있으면 내가 문학관에 있는 날이고, 자전거가 없는 날이면 내가 없는 날이라고 사람들이

말합니다. 적어도 공주에서는 나의 자전거가 나를 대신하는 상징
으로 통하기도 합니다. 이것이 바로 내가 자동차 없이 산 결과요 그
좋은 칭찬이라고 생각합니다.

앞으로 10년

실은 나는 학교에 다닐 때 한 번도 우등상 같은 것을 받아보지 못한 학생이었어요. 받았다 하면 품행방정상이었는데 이 상은 오늘날로 말하면 선행상 같은 것이었지요. 그렇다고 해서 내가 선행을 하는 아이는 아니었어요. 다만 담임 선생님이 볼 때, 다른 아이들은 왁살 스러운데 나는 맨 앞자리에 가만히 앉아만 있는 아이라서 그런 상을 주신 거예요.

상장을 들고 집으로 가면 외할머니는 그랬어요. "너는 머리가 좋은 아이가 아니야. 노력을 하니까 그만큼이나 하는 거야." 나는 그 말씀을 들을 때마다 외할머니에게 섭섭했어요. 왜 "너는 머리가 좋은 아이다. 더 노력하면 더 잘할 거야"와 같은 말로 용기를 주지 않았을까. 나에게는 무조건 잘해주시는 외할머니인데 공부에 대해서만은 매우 야박하게 말씀하셨어요.

실은 그 말씀이 나에게 많은 도움을 주었다고 생각해요. 그 당시엔 섭섭했지만 두고두고 생각해 볼 때 그 말씀이 나를 살렸다고 봐요. 나의 삶에 약이 되었다고 생각해요. 만약에 내가 원했던 대로 "너는 머리가 좋은 아이다"라고 말씀하셨다면 나는 어떻게 했을까요? 별로 노력을 하지 않았을 거예요. 나는 평생을 두고 공부하면서 살아온 사람인데 결코 그렇게 공부하는 사람이 되지 않았을 거예요.

이것은 요즘 아이를 키우는 엄마들도 참고해 볼 일이고 생각해 볼 일이에요. 요즘 엄마들은 무조건 자기 자식이 최고라고 하고 또 최고가 되기를 바라지요. 그래서 부족하다든지 모자라다든지 더 노력해야겠다고 하는 말들, 일테면 충고의 말을 듣지 못하지요. 오히려 그런 말을 들으면 화를 내고 속상해하고 그러지요.

그건 결코 그럴 일이 아니에요. 모자라니까 아이들이고 잘못하니까 아이들이에요. 그런 점을 알면서도 더욱 좋은 쪽으로 나아가도록 도와주고 안내해 주는 사람이 나이 든 사람이고, 또 그런 일이 마땅히 어른이 해야만 하는 일이지요. 그러고 보면 우리 외할머니는 참으로 현명한 분이라는 생각이 들어요. 그 말씀이 나의 인생의

마이너 없이 메이저 없다

길이 되고 일생 동안 삶의 지침이 되었지요. 그래서 나는 외할머니가 나를 키워만 주신 분이 아니라 나를 살린 분이라고 생각하고 은인이라 생각하고 평생의 선생님이라고 생각해요.

나의 생년월일은 1945년 3월 16일. 정식으로 초등학교에 들어가려면 만 나이로 7세에 들어가야 하는데 6세에 들어갔어요. 그것도 풋감이 떨어질 무렵인 9월에 들어갔어요. 그러니까 1학년 공부를 반밖에 못 한 거예요. 게다가 2학년에 올라가서는 다시 몇 달을 집에서 쉬었어요. 6년 초등학교 과정을 5년만 다닌 셈입니다. 이래저래 다른 아이들 따라가기가 힘들었어요. 그런데도 그만큼이라도 한 것을 보면 깜냥껏 노력을 해서 그랬지 싶어요.

내가 이렇게 다른 아이들보다 한 해 빨리 학교에 들어간 것은 아버지의 의도대로 그런 거예요. 어린 시절 우리 아버지는 초등학교 선생님이 되는 것이 소원이었는데 학교에 너무 늦게 들어가는 바람에 끝내 그 소원을 이루지 못하고 말았지요. 그래서 첫아이인 나를 다른 아이들보다 한 해 일찍 학교에 넣은 것이에요. 나중에 중학교 졸업을 하고 나서 고등학교에 들어갈 때 초등학교 선생님이 되는 사범학교에 들어가라 그러신 것도 오직 아버지의 뜻이지요. 그런 점에서 나의 인생은 아버지의 인생을 대신 사는 인생이고 아버지의 소원을 풀어드리는 인생이기도 했어요.

중학교 시절에도 성적이 그다지 우수하지 못했어요. 사범학교 다닐 때는 아주 성적이 바닥이었고요. 글을 쓴다고 시를 쓴다고 학교 공부를 전혀 하지 않은 탓이에요. 오늘에 와서 창피한 일이지만 나의 성적은 50명 가운데 45등이에요. 그만큼 공부를 하지 않았던 것이지요. 대신 나는 학교를 졸업하면서 마음속으로 결심을 했어요. 좋다. 오늘은 나의 성적이 45등이지만 10년 뒤에 다시 보자. 그때는 분명 내가 달라져 있을 것이다. 그러고는 학교를 졸업한 뒤에도 열심히 책을 읽고 좋은 내용이 있으면 그것을 베끼고 외우는 사람으로 계속 살았어요.

고등학교와 같은 수준인 사범학교를 졸업한 것은 1963년. 만 나이 18세. 그다음 해에 초등학교 교사가 되었지요. 그러고 나서 10년 뒤가 1973년인데 그때 이미 나는 중앙 일간지 신춘문예에 시가 당선이 된 시인이었고, 또 첫 시집을 낸 신진 시인이 되었지요. 이것이 지금까지 내가 10년 앞을 보면서 살기 시작한 시초였어요. 10년 뒤에 되고 싶은 자신의 모습을 가슴에 품고 사는 거예요. 이것은 하나의 꿈이고 소망이에요. 그렇게 하면 현재의 삶이 미래의 삶과 자연스럽게 연결되고 나의 삶의 중심이 10년 뒤의 내가 되지요.

진정으로 하는 말이에요. 앞으로 10년, 자기 인생을 머릿속으로 그리며 사는 사람의 인생과 아무런 생각도 없이 그냥저냥 흐지부지 사는 사람의 인생은 분명 그 결과가 다르게 되어 있어요. 하루하루의 삶에 열심을 다할 것이고, 오늘 하지 못한 일이 있다면 내일에

마이너 없이 메이저 없다

그 일을 계속할 것이에요. 삶의 연속성까지 갖게 되는 것이지요.

그렇게만 마음먹으면 오늘의 삶이 아무리 힘들고 고달프더라도 견디고 버틸 만한 힘이 생겨요. 배짱이 생겨요. 독서실에는 요즘 교사나 공기업이나 공무원 시험을 준비하는 사람들로 꽉 차 있다고 그래요. 그 사람들을 '공시생'이라고 부른다고도 들었어요. 부디 오늘 밤에도 집중을 잘해서 하고자 하는 만큼 공부의 성과를 올리기 바라요. 공부하면서 마음이 힘들거든 10년 뒤에 변화될 나, 꿈꾸는 자기 자신을 생각해 봐요. 그러면 용기가 좀 더 생길 거예요.

2장.

바람의
징검다리

안다는 것

지금부터는 내 입장보다 젊은 세대들의 입장에서 도움이 되는 이야기를 해볼까 합니다. 나는 이제 나이가 많이 든 사람이어요. 그래서 10년을 앞으로 보기 어렵지요. 멀리 본다면 5년 정도 볼 수 있을 거예요. 앞으로 나는 5년을 어떻게 살까? 그것이 내 꿈과 마음의 한계이기도 해요.

어린 사람이거나 젊은 사람이 하는 일 가운데 가장 중요한 일은 배우는 일이고 또 학교에 다니는 일이에요. 인생 경로에서 20세까지는 공부하는 시기지요. 사람이 성장한다는 것은 몸이 자라는 것이기도 하지만 마음이 자라는 것이기도 해요. 마음이 자라려면 배

마이너 없이 메이저 없다

워야 하지요.

배움은 밖으로부터 오는 그 무엇이에요. 배움을 주는 사람은 선생님이고요. 그래서 나의 내부(마음)가 점점 밝아지게 되는 것이지요. 흔히들 배움은 한 번으로 끝난다고 생각하기 쉽지만 그건 그렇지 않아요. 여러 번 계속해야만 그 배움이 완전해지지요.

이것을 공자님은 '학습學習'이라고 말씀하셨어요. '학'은 모르는 것을 아는 것이고, 선생님이 주시는 것이고, 밖에서부터 안으로 들어오는 것이에요. 그렇지만 '습'이 더 중요할 수 있어요. 습은 안으로 들어온 학을 좀 더 완전하게 해주는 일이고, 계속해서 되풀이하는 일이에요.

이 습을 통해서 비로소 우리는 할 수 있는 힘을 얻어요. 진정으로 아는 것은 여기까지예요. 그래서 우리가 안다고 말할 때는 두 가지가 있다고 보아요. 하나는 '지식으로 안다'이고, 또 하나는 행동으로 '할 줄 안다'예요. 흔히 말하는 지행합일知行合一(지식과 행동이 서로 맞음)이 바로 여기서 나온 말이지요.

우리가 정말 아는 사람이 되려면 지식으로만 아는 사람이 아니라 행동이나 생활 속에서 실천까지도 할 줄 아는 사람이 되어야 해요. 이 점은 오늘날을 사는 사람들에게 매우 중요해요. 인생살이나 삶에 필요한 것을 온통 책으로만 배우고 지식으로만 배우고 몸으로는 실천하지 않으니 걱정인 것이지요.

가령 담배 피우면 건강에 도움이 되지 않는다는 것을 충분히 잘 알아요. 그렇지만 그것과는 상관없이 너무나 많은 사람들이 담배를 피워요. 그것이 나쁜 것이에요. 말하자면 지식으로는 충분히 아는데 삶으로는 모르는 것이지요. 할 줄 아는 힘이 없는 것이지요.

나는 젊은 시절 유교 경전에 나오는 '수신제가修身齊家 치국평천하治國平天下'란 문장을 잘 이해하지 못했어요. 특히 처음 내용인 '수신'에 대해서 잘 알지 못했어요. 왜 마음인 수심修心이 아니고 몸인 수신修身인가, 그렇게 생각했던 것이지요. 이것이 정말로 몸으로 아는 앎, 실천하는 앎에 대해서 말하는 것이란 걸 알게 된 것은 나중에 나이 들어서의 일이에요.

그러니까 이것이에요. 올바른 일을 하거나 좋은 삶을 살기 위해서는 마음으로만 지식으로만 아는 것이 아니라 몸으로 행동으로 알아야 하고 몸으로 실천할 수 있어야 한다는 것이지요. 이런 내용을 다만 케케묵은 옛날이야기로만 알아서는 안 된다고 봐요. 오늘날의 우리들 삶에서 충분히 참고해야 할 일이라고 생각해요.

공부란 무엇인가

우리가 젊은 시절뿐만 아니라 평생을 두고 생각해 보고 넘어갈 일이 바로 공부에 대한 문제예요. 공부. 공부는 누구나 하기 싫지요. 공부하기 좋아하는 사람은 그다지 많지 않아요. 누구에게나 공부란 억지로 하는 것이에요. 해야만 하니까 마지못해서 하는 것이기도 하지요.

그래요. 억지로 하다 보면 그것이 버릇이 되고 조금쯤 손쉬워지는 것이고 친숙하게 되는 것이겠지요. 그건 독서도 그래요. 독서도 억지로 하는 거예요. 억지로 하다 보면 흥미도 생기고 여러 가지로 도움도 받게 되는 것이겠지요. 그래서 나는 말해요. 독서는 강제로 하는 것이다. 그래서 강제 독서다.

그건 선행도 그렇고 봉사도 마찬가지고 희생도 마찬가지예요. 또 사회적으로 하는 기부(도네이션)도 마찬가지예요. 해야 하니까 하는 것이에요. 처음엔 타인의 권유나 요구로 했는데 하다 보니 그 의미를 깨닫게 되고 또 기쁨도 생기니까 계속하게 되는 것이지요.

공부란 말을 한자로 써보면 좀 더 공부의 뜻에 가까이 갈 수 있어요. 공부工夫. 장인 공工에 지아비 부夫 자예요. 무언가를 만드는 사람이란 뜻이지요. 만드는 사람은 어떻게 할까요? 같은 행동을 계속하고 같은 물건 만들기를 계속해요. 그래서 끝내는 숙달되게 되어요. 공부도 그렇다는 것이지요.

중국어로 공부란 단어는 중국 전통 무술인 쿵후와 발음이 같아요. 쿵후를 능숙하게 하려면 어떻게 해야 할까요? 한두 번 동작 연습으로 그것이 가능할까요? 아닐 거예요. 수없이 많은 반복이 있어야 하고 긴 시간의 고달픈 투자가 있어야 할 거예요.

그건 악기를 다루는 음악인들도 마찬가지일 것이고, 운동선수들도 그럴 것이고, 기술자들도 마찬가지일 거예요. 시인이 시 쓰는 일도 마찬가지예요. 세상 어느 것도 쉬운 일은 없는 것이고 공짜로 이루어지는 것은 없는 일이지요.

공부를 이야기할 때 도움받을 수 있는 말은 톨스토이의 권고예요. 세계적 문호요 러시아의 소설가인 톨스토이는 인생의 화두를

'성장'이라고 보았어요. '인간은 성장을 하기 위해서 사는 것이다.' 세상 만물은 변화하게 되어 있어요. 변화하는 중에 좋은 쪽으로의 변화를 성장이라고 그래요.

이 성장을 위해서 톨스토이는 세 가지 하위 개념을 말해요. 첫째가 소통, 둘째가 몰입, 셋째가 죽음을 기억하는 삶이에요. 소통도 중요하고 죽음을 기억하는 삶도 중요하지만, 공부하는 사람들에게 중요한 시사점을 주는 것은 몰입이에요. 몰입. 자아를 잃어버릴 정도로 어떠한 일에 열중하는 것을 말하지요.

우리 집 아들 이야깁니다. 고등학교 다닐 때 그 아이는 시험 보는 날을 맞아 벼락공부를 했어요. 어쩌다 밤을 꼬박 새우면서 공부를 하고 난 아침이었어요. 아이가 그래요. "아빠, 밤을 새우면서 공부하니까 공부가 참 잘되네요. 특히 새벽 시간에 공부가 잘되네요. 잘 외워지고 문제도 잘 풀리고 그래요."

"네가 그걸 어떻게 알았니? 그래서 아빠도 가끔은 밤을 새워가면서 책을 읽고 글을 쓰기도 하는 거란다." 그런 뒤로 아이는 훨씬 공부를 잘하는 사람이 되었어요. 알아보면 성공한 사람들, 특출한 사람들은 모두가 이 몰입의 선수들이라고 볼 수 있어요. 무슨 일을 하든지 몰입만 잘하면 성공하게 되어 있거든요. 몰입이야말로 성공으로 가는 지름길이라 생각합니다.

성공이란

우리 젊은 세대들이 가장 많이 관심을 갖는 것은 자신들의 미래 삶이고 거기에 따른 성공일 것입니다. 성공. 성공은 누구나 바라는 일이지요. 인생의 목표이기도 하지요. 그러나 성공이란 무엇인가, 그것에 대해서 깊이 생각하거나 고려하는 사람은 그다지 많지 않은 것 같아요.

성공은 무엇일까요? 다들 남들이 부러워하는 사람이 되는 것이라고 생각할 것입니다. 〈가지 않은 길〉이란 시로 유명한 미국 시인 로버트 프로스트식으로 말한다면, 많은 사람들이 다니는 넓은 길로 가는 것을 성공이라고 말할 것입니다.

마이너 없이 메이저 없다

그렇지만 나의 생각은 조금 다릅니다. 그게 과연 성공일까? 무턱대고 남들이 많이 다니는 길로 가는 것이 성공일까? 흔히 요즘 부모들은 자기 자식에게 의사나 법조인이나 방송인이 되라고 요구합니다. 그렇지만 여기서도 고개는 갸우뚱해집니다.

그것이 정말로 성공일까? 비록 남들이 많이 다니지 않은 길로 간다 해도 그 삶이 진정 자기가 해보고 싶은 것이었다면 그것 자체로 성공이 아닐까, 그런 생각을 합니다. 무엇보다도 무슨 일을 하든 행복감을 갖는 것이 성공의 첩경이 아닐까, 그런 생각입니다.

나의 생각은 그렇습니다. 성공이란 자기가 되고 싶은 사람이 되는 것입니다. 그것도 청소년 시절에 자기가 꿈꾸었던 자기를 늙은 나이에 만나는 것입니다. 그래서 나 자신도 지금 그 사람을 만나러 가는 중입니다, 그렇게 말합니다.

성공에 대한 충고 가운데 가장 좋은 것은 《그릿GRIT》이라는 책을 쓴 미국 심리학자 앤절라 더크워스 교수의 도움말입니다. 더크워스 교수는 성공하기 위한 가장 중요한 인자因子를 '끝까지 포기하지 않고 노력하는 열정'이라고 밝혔습니다.

아마도 미국 사람들도 무슨 일을 끝까지 하지 않고 중간에 그만두는 경우가 많고, 또 한 직장에 있다가 더 좋은 일터가 생기면 그곳으로 스카우트되어 옮겨 가는 것을 좋아하는가 봅니다. 더크워스 교수는 그래서는 안 되는 일이라고 권고합니다. 우리 방식으로 말하면 한 우물을 파라는 말이겠지요.

성공에 대해서 나의 생각을 다시 한번 정리하면 이렇습니다. '성공이란 청소년 시절에 자기가 잘하고 좋아하는 일을 찾아내어 그 일을 평생 그치지 않고 계속해서 늙은 사람이 되었을 때 자기가 꿈꾸는 사람을 만나는 것이다.' 바로 나 자신의 일을 말하는 것입니다. 그런 점에서 나의 성공은 현재 진행형의 성공입니다.

보통 재능이 성공의 중요 인자라고들 말합니다. 재주와 능력의 합성어가 재능이지요. 맞습니다. 재능이 기본적으로 있어야만 성공을 합니다. 하지만 이 재능의 개념도 요즘은 많이 바뀌어야 한다고 봅니다. 재능이란 재주와 능력만이 아니라 좋아하는 마음이 거기에 더해져야 합니다. 그것이 진정으로 좋은 재능입니다.

잘하는 능력과 좋아하는 마음 가운데 무엇이 더 중요할까요? 내 생각으로는 좋아하는 마음이 훨씬 더 중요하다고 봅니다. 팔방미인 이란 말이 있지요. 무슨 일이든 잘하는 사람을 지칭합니다. 이런 팔방미인 가운데 한 분야에서 성공한 사람을 나는 지금까지 본 적이 없습니다.

그렇습니다. 무슨 일이든 잘하는 사람은 그 일을 끝까지 계속하지 않습니다. 중간 어느 시기에 슬그머니 그만두고 맙니다. 왜 그럴까요? 자기가 잘한다는 걸 알기 때문이고 좋아하는 마음이 부족한 탓이지요. 내 고등학교 동창 가운데 팔방미인으로 통하는 친구가

마이너 없이 메이저 없다

있었습니다. 공부, 운동, 웅변, 악기 연주, 그림 그리기, 글쓰기, 심지어는 작곡까지 잘하는 친구였지요.

그런데 지금 그 친구는 무엇을 하는 사람일까요? 아무것도 하지 않는 사람이 되었습니다. 심지어는 교직을 중간에 그만두어서 다른 친구들이 받는 연금도 받지 못하는 사람이 되었지요. 어쩌면 그의 재주와 능력, 무엇이든 잘하는 재능이 그를 그렇게 만들었던 것입니다. 재주와 능력이 인생을 망친 실례입니다.

나는 가끔 주변의 후배들에게 이런 말을 합니다. "너에게 재능이 없음을 한탄하지 말고 열정이 없음을 슬퍼해라." 이쯤에서 우리는 또 세기의 물리학자 알베르트 아인슈타인의 충고를 기억해 두는 것도 좋을 듯합니다. "성공한 사람이 되려고 하지 말고 가치 있는 사람이 되려고 해라."

성공은 꼭 외형적으로 보아 그럴듯한 성취만을 말하지는 않습니다. 저 사람은 성공한 사람이다, 타인의 평가나 인정도 있어야 하겠지만 그보다 선행해야 하는 것은 자기 자신의 긍정과 인정입니다. 그런 점에서 성공은 또 만족감과 행복감과 통합니다. 만족과 행복이 없는 성공은 애당초 성립되지 않습니다.

성공은 어떤 일이나 삶의 끝자락에만 있는 것이 아니라 성공을 찾아가는 도중에도 있다고 봅니다. 목표와 동시에 과정이 중요하다는 얘기지요. 일을 추진하다가 어떤 지점에서 문득 멈추어도 어느 정도는 목표에 가 닿을 수 있어야 그것이 정말로 좋은 성공이라고 하겠습니다. 그러기 위해서는 삶 자체가 본질적이어야 합니다. 이러한 삶과 함께할 때 성공도 보다 자연스러운 성공이 될 것이라고 봅니다.

마이너 없이 메이저 없다

좋아하는 마음

이어서 좋아하는 마음에 대해서 조금 더 말해보고 싶어요. 좋아하는 마음. 그 마음은 마음속으로부터 자연스럽게 우러나는 마음이지요. 누가 시켜서 좋아지는 게 아니라 스스로 좋아지는 마음이지요.

공자님도 말씀하셨어요. '나는 태어나면서 저절로 잘 아는 사람이 아니다我非生而知之者.' 이것은 공자님의 겸손이기도 하지만 그분의 진심이기도 해요. 그러면서 공자님은 자신이 가장 잘하는 일은 '배우기를 좋아하는 것好學'이라고까지 말씀하셨어요.

배우기를 좋아한다는 것이 그렇게 중요해요. 우리말에 학식이 높고 연구하는 사람을 무어라고 부르나요? 학자學者. 그래요. 여기서도 배우는 사람이에요. 배우기를 좋아하는 사람이 바로 학자예요. 대학교 교수도 학자이고, 연구자나 전문가도 학자이지요.

공자님은 또 말씀하셨어요. '무엇인가를 아는 사람은 무엇인가를 좋아하는 사람보다 못하고, 또 무엇인가를 좋아하는 사람은 무엇인가를 즐기는 사람보다 못하다 知者不如好者 好者不如樂者.' 이를 더 알기 좋게 표시해 보면 이래요. 지자 知者 < 호자 好者 < 낙자 樂者. 그러니까 즐기는 사람이 1등이고, 좋아하는 사람이 2등이고, 아는 사람은 3등이란 말이에요.

그만큼 좋아하는 마음을 가진 사람이 중요하고, 즐기는 마음을 가진 사람은 더 중요합니다. 그런데 오늘날 우리 학교나 사회에서는 아는 사람만을 길러내고 그런 사람만을 칭찬해 주고 대우해 주고 또 우리더러도 그렇게 살라고 권해주고 그래요. 이것이 문제입니다.

생각해 보면 좋아한다는 것, 좋아하는 마음은 참 중요한 마음입니다. 좋아하는 마음이 없으면 아무런 일도 이룰 수 없어요. 이런 말이 있지요. '수학 성적을 높이고 싶으냐? 그렇다면 학교에서 수학 선생님을 좋아해라.' 그래요. 수학 선생님을 좋아하게 되면 자연스럽게 수학에 관심이 생길 것이고, 수학 공부를 많이 하게 될 것이고, 그러면 수학 성적이 높아질 것이에요. 그렇게 좋아하는 마음이 중요해요.

마이너 없이 메이저 없다

앞에서 꾸준히 끝까지 포기하지 않고 노력하는 마음(끝까지 포기하지 않고 노력하는 열정)이 성공하는 중요한 인자라고 말했는데, 좋아하는 마음 또한 성공의 기본이라고 할 수 있어요. 세계적인 피겨 스케이팅 선수 김연아는 처음부터 스케이팅을 잘하는 사람이 아니었을 거예요. 물론 기본적인 재능이나 가능성은 충분히 있었을 것이지만 그보다 더 중요한 것은 김연아 선수가 스케이팅을 좋아했다는 것이에요.

거기에 더하여 중요한 것은 김연아 선수가 세계에서 가장 스케이팅을 잘하는 선수가 되고 싶다는 마음과 결심이에요. 구체적으로 말하면 일본 선수 아사다 마오보다 잘해보자는 마음이에요. 실지로 아사다 마오도 세계적인 선수예요. 그렇지만 동갑내기 김연아와 적수가 되었기에 퀸이 되지 못한 것이지요. 그것이 그녀의 불운이고 한계이지요. 어쩌면 김연아보다 좋아하는 마음, 잘해보자는 뜨거운 마음, 열정이 부족했을지 몰라요.

나도 시를 잘 쓰는 사람이 아니에요. 다만 잘 쓰고 싶은 사람이고 시 쓰기를 좋아하는 사람일 뿐이에요. 그것도 끝없이 좋아하는 사람이에요. 열다섯 살부터 시 쓰기를 좋아했는데 그 마음이 아직도 변함이 없어요. 시를 읽고 베끼고 쓰는 일이 즐겁고 좋아요. 그냥 좋아요. 그래서 시인인 거예요.

당신도 이쯤에서 자기가 무엇을 정말로 좋아하고, 무엇을 잘하고, 무엇에 열정을 바칠 수 있나를 생각해 보기 바라요. 그리고 그 일을 중간에서 포기하지 않기를 바라요. 포기하지 않고 끝까지 가다 보면 성공하는 일은 그야말로 시간문제예요. 조금쯤 늦게 성공이 찾아오더라도 지치지 말고 포기하지 말고 실망하지 않기만을 빌어요.

기뻐하고 즐거워하라

한 번 더 공자님 얘기를 할게요. 공자님의 가르침을 적어놓은 책인 《논어》를 읽어보면 가장 많이 나오는 글자 가운데 하나가 '즐거울 낙樂' 자예요. 즐겁다! 공자님이라고 하면 '인仁'이라든가 '군자君子'와 같은 말이 떠오르지요. 그렇지만 공자님이 우리에게 권장한 삶은 즐거운 삶이에요. 그리고 기쁜 마음이에요.

공자님의 책 《논어》의 첫 문장이 이래요. '배우고 때때로 익히면 즐겁지 아니한가學而時習之不亦說乎.' 우리가 무엇인가를 배우고 때때로 익히면 기쁘다는 말씀이에요. 아니에요. 기쁘도록 노력해야 한다는 성인의 권고예요. 그다음도 이래요. '먼 곳에서부터 나의 벗이

스스로 찾아왔으니 그 또한 즐겁지 아니한가有朋自遠方來不亦樂乎.' 이 또한 우리가 친구나 사람을 만나 즐겁게 어울리며(관계 지으며) 살 아야 한다는 말씀이에요.

결국, 두 문장의 끝에 남는 글자는 기쁠 열悅과 즐거울 낙樂이에 요. 합치면 열락悅樂. 기쁘고 즐겁다. 마땅히 기쁘고 즐겁게 살아라. 그것이 공자님이 우리에게 주신 최고의 선물인 셈이지요. 가장 아 름다운 충고예요.

그 밖에도 논어를 읽다 보면 기쁘다는 뜻인 열悅과 즐겁다는 뜻 인 낙樂을 자주 만나요. 그만큼 열락, 기쁨과 즐거움이 인생살이에 서 중요한 것이란 얘기입니다. 핵심이라는 것이지요. 우리의 하루 하루의 삶이 아무리 힘들고 고달프다 해도 이 마음을 잃지 말고 살 아요. 그렇게 노력하다 보면 좋은 마음이 생길 것이고 또 행복한 삶 이 되기도 할 것이에요.

다음엔 내가 평생을 두고 좋아하는 시 작품인 구상 선생의 〈꽃 자리〉란 시 한 편을 적어볼까 해요. 우리나라 사람은 누구나 밖으로 는 자신을 높이지만 스스로는 낮추는 경향이 있어요. 자존심은 높 은데 자기 안에서의 자존심, 자존감이 낮다는 얘기예요. 그래서 자 기의 처지나 자기의 자리를 안 좋게 생각하지요. 실상은 '꽃자리'인 데 '가시방석'이라고 생각한다는 것이에요. 그러지 말자는 것이 이 시의 주장입니다.

마이너 없이 메이저 없다

반갑고 고맙고 기쁘다.

앉은 자리가 꽃자리니라!

네가 시방 가시방석처럼 여기는
너의 앉은 그 자리가
바로 꽃자리니라.

반갑고 고맙고 기쁘다.

- 구상, 〈꽃자리〉

이 시에 두 번이나 나오는 문장이 있어요. '반갑고 고맙고 기쁘다.' 이것이 우리 인생의 요체란 것이지요. 그래서 두 번이나 나온 것이에요. 반갑다. 고맙다. 기쁘다. 그렇게 되면 우리는 문제없이 성공한 사람이 되고 또 행복한 사람이 됩니다. 이것을 우리는 부디 잊지 말아야 합니다.

너무 빠르다

내가 나이가 많고 오래 산 사람이잖아요. 그런 사람의 눈으로 볼 때 오늘날 우리는 지나치게 서두는 경향이 있어요. 모두가 성급하지요. 그래서 여론이나 관심이 한쪽으로 몰리는 쏠림 현상이 있고 과열이 있지 않나 싶어요. 특히 도시인들의 미덕은 빠르기입니다. 무슨 일이든 빠르게 하지 않으면 성이 차지 않습니다.

자동차 운전을 해도 웬만한 속도에는 빠르다는 생각이 미치지 않습니다. 이미 속도에 둔감해진 결과입니다. 컴퓨터나 핸드폰이 얼마나 빠르고 좋은 기계입니까. 그래도 우리는 가끔 컴퓨터나 핸드폰이 느리다고 타박을 합니다. 그것은 나부터 그래요. 좀 급한 성

마이너 없이 메이저 없다

격이지요.

아주 오래전 일입니다. 1994년이니까 벌써 27년 전의 일입니다. 학교에서 선생을 하고 있을 때 외국 여행을 간 일이 있었어요. 단체 여행이었는데 프랑스 파리 시내를 관광할 때 파리의 아이들이 우리를 따라오면서 "빨리빨리! 빨리빨리!" 그렇게 말하는 거예요. 한국인이 가고 있다고 말하지 않고 '빨리빨리가 가고 있다'고 말한 셈이지요.

놀라운 생각이 들었어요. 그래 우리가 '빨리빨리'란 말인가? 얼마나 한국의 관광객들이 줄을 지어 파리 시내를 헤매고 다니면서 자기들끼리 빨리빨리란 말을 되풀이했으면 파리의 아이들이 그것을 들어서 외우기까지 했을까 싶었어요.

놀라운 일입니다. 그렇지만 이 빨리빨리는 매우 중요한 것입니다. 근면의 상징이고 성취의 한 방법이기도 한 것이지요. 그러나 그것이 지나치다 보니 서로에게 상처가 되고 스스로 상처를 입게 되는 것이지요. 오늘날 우리를 괴롭히는 상실감, 박탈감, 소외감 같은 것들이 많이는 이 빨리빨리에서 기인한 것입니다.

내가 자주 하는 말이지만, 인생은 올림픽 경기나 월드컵 경기가 아니라 일인 경기라는 것! 올림픽 경기나 월드컵 경기는 오로지 이긴 사람만이 대접을 받고 영광을 차지합니다. 하지만 일인 경기는 그렇지 않습니다. 지치면 쉬고 빠르면 속도 조절을 하면 됩니다. 모두가 승자이고 일등입니다. 패자는 없습니다.

어쨌든 무조건 빨리만 가면 제일이라는 생각은 이제 고쳐야 한다고 봅니다. 독일 시인 괴테는 이렇게 말했어요. '인생은 속도가 아니고 방향이다.' 방향을 잘 정하고 빠르게 가는 건 좋을 수도 있어요. 그렇지만 방향이 잘못되었는데 속도만 빠르게 하면 안 되지요. 그 결과는 빨리 망하는 길밖에 없어요.

특히 중·고등학교 학생 시절은 인생의 방향을 정하는 시기입니다. 자기에게 맞는 일을 찾는 시기입니다. 심각하게 자기의 길을 선택해야 합니다. 남들이 다 간다고 해서 그 길을 우르르 따라갈 일이 아닙니다. 정작 방향은 대충 정하고 속도만 낸다면 어떻게 될까요? 빨리 망하는 길밖엔 아무것도 없을 것입니다.

또 어른들이 하는 얘깁니다만, 우리나라 사람들은 그저 남들이 좋다고 하는 길을 따라서 살다가 50대쯤 되어서야 내가 진정 살고 싶은 인생은 이런 것이 아닌데 하면서 후회를 하고 궤도 수정 같은 걸 생각한다고 합니다. 그렇지만 그때는 이미 시기로 보아서 많이 늦은 때이지요.

괴테의 충고처럼 애당초 자신의 방향을 잘 정해서 살아야 할 일입니다. 조금쯤 늦더라도 진정 자기가 원하는 인생을 찾으려고 노력해야 할 일입니다. 그리고 지나치게 다른 사람들의 인생을 기웃댈 필요도 없다고 생각합니다. 어디까지나 나의 인생은 나의 인생

마이너 없이 메이저 없다

입니다.

오늘날 우리들 삶의 현주소는 너무 빠르고 너무 높고 너무 크며 화려하다는 것이 사실입니다. 너무나도 반짝입니다. 마땅히 조금씩 줄여서 해야 할 일입니다. 그래야만 마음이 안정되고 편안해질 것입니다. 또 너그러워지고 만족이 오고 기쁨이 오고 또 자연스럽게 행복이 찾아올 것입니다.

부디 당신이 하고 싶은 일들을 마음껏 하면서 보람 있게 사는 날들이 오기를 바라요. 날마다 기도하고 날마다 응원할 것입니다.

'무엇'과 '어떻게'

어른들은 가끔 아이들에게 묻곤 해요. 이제 겨우 말을 배워서 서툴게 말을 하는 아이들입니다. 너는 커서 무엇이 될래? 그러면 아이들은 어른들이 좋아함직한 대답을 합니다. 그것은 될수록 크고 무겁고 화려하고 그럴듯한 직함이어야 합니다.

예전엔 대통령이나 장군이나 장관, 국회의원이 제일 많았습니다. 그만큼 정치적으로나 사회적으로 영향력 있는 직함이 환영받던 시대입니다. 그러다가 요즘은 의사나 법조인이나 방송인을 가장 선호하는 것 같습니다. 그것은 아이들 돌잡이 행사에 가서 보면 압니다. 돌상 제일 앞자리에 놓이는 것이 방망이(법조인), 청진기(의사),

마이크(방송인)이거든요.

그건 또 아이들 이름을 보면 알아요. 유독 요즘 아이들 이름에 율 자가 많이 들어갑니다. 법칙 율律 할 때의 그 율 자인데 법률이라고 쓸 때 사용되는 글자이지요. 그러니까 부모들이 아기에게 너는 자라서 법조인이 되어라, 그런 소망을 이름 안에 담는 것입니다. 이것 또한 세태를 반영하는 일이라고 할 수 있는데 그렇게 좋은 추세는 아니라고 봅니다.

그동안 우리는 '어떻게how'보다는 '무엇what'을 위해서 살았습니다. 그러기에 '모로 가도 서울만 가면 된다'란 말이 나올 정도였지요. 여기서 편법이 생기고 지름길이 생기고 정직하지 못한 삶이 있었습니다. 불법만 아니면 불의한 일이라도 괜찮다는 참 나쁜 인식들이 싹트게 된 것이지요.

나는 8년 동안이나 교장으로 일한 사람입니다. 교직 생활의 마지막 학교에서 좋은 사람들을 많이 만났는데 그 가운데 한 젊은 사람에 대한 이야기입니다. 그는 학교 관리직에 있던 사람입니다. 나이가 젊었지요. 그 학교 졸업생입니다. 그래서 유독 학교를 사랑하는 마음이 강했습니다. 나중에 내가 결혼식 주례를 서주기도 했지요.

그가 우리 학교에서 한동안 일하다가 근무 기한이 되어 다른 학교로 전근 간 뒤의 일입니다. 학교 곳곳에 쓰레기가 널리기 시작한 거예요. 선생님들도 놀라고 아이들도 놀라고 교장인 나도 놀랐지요. 나중에 알게 된 내용은 이렇습니다. 그동안 우리 학교가 그토록 깨끗했던 것은 바로 그 젊은 직원 덕분이었다고.

교감 선생님이 나에게 전해주기를, 날마다 아이들이나 선생님들이 학교에 오기 전 한 시간 동안 그 직원이 학교 곳곳에 널린 쓰레기들을 주웠다는 겁니다. 그래서 우리 학교가 그동안 그토록 깨끗했다는 겁니다. 솔직히 놀라웠고 스스로 부끄럽기도 했습니다.

명색이 교장이었으므로 그 학교에서는 내가 가장 높은 사람이고 큰 사람입니다. 그런데 학교를 위하는 일에 있어서는 단연코 그 직원이 나보다 큰 사람이고 중요한 사람이고 필요한 사람입니다. 그렇습니다. 교장이 아니라 관리직 직원입니다. 요는 그가 무엇을 하는 사람이냐가 아니라 그가 그 일을 어떻게 하느냐입니다.

요즘 언론에서 보면 지위가 높은 사람들, 사회적으로 무게 있는 사람들, 일테면 지도자들이 국민의 비난을 받는 실례가 많습니다. 왜 그럴까요? 그들의 '입 따로 행동 따로'를 국민들이 눈감아 주지 않는 까닭입니다. 무엇보다도 언행 불일치가 나쁜 것이지요. 예부터 훌륭한 어른들이 지행합일知行合一, 무실역행務實力行(참되고 실속 있도록 힘써 실행함)을 부르짖은 이유가 여기에 있습니다.

이제 우리는 아이들에게 물을 때도 너 커서 무엇이 될래, 하고 묻지 말고 너 커서 어떻게 살래, 하고 물어야 한다고 생각합니다.

마이너 없이 메이저 없다

그것이 옳은 일입니다. 그러면서 우리 삶의 방향도 '무엇 what'에서 '어떻게 how'로 전환되어야 한다고 봅니다. 그럴 때 우리의 삶이 보다 더 가지런해지고 덜 고달파지고 덜 공소해질 것이라고 봅니다.

결핍의 축복

우리가 사용하는 말 가운데는 '결핍'이란 말과 '궁핍'이란 말이 있습니다. 두 말은 비슷한 의미를 지닌 말로서 그 바탕은 가난하고 부족한 상태라는 뜻입니다. 하지만 그 무늬는 서로 다릅니다.

궁핍은 애당초부터 없어서 가난하고 부족한 상태를 말합니다. 그러나 결핍은 본래는 있었는데 나중에 없어져서 가난하고 부족한 상태를 말합니다. 말하자면 '있어야 할 것이 없어지거나 모자란 것'을 말합니다. 그래서 오히려 결핍이 더욱 견디기 힘듭니다.

본래는 건강한 사람이었는데 병으로 몸이 약해진 경우 이를 건강의 결핍이라고 말하고, 부자인 사람이 사업 실패로 가난해진 경

마이너 없이 메이저 없다

우 이를 경제적 결핍이라고 말합니다. 그래서 궁핍보다 결핍이 더 견디기 힘든 것이 된다는 겁니다.

오늘날 우리가 관심을 갖는 것은 궁핍이 아니라 결핍에 관한 것입니다. 남에게는 있는데 나에게는 없는 것도 결핍입니다. 상대적 결핍이지요. 그 어떤 결핍보다 우리를 불행하게 만드는 결핍입니다. 결핍은 결코 칭찬의 대상이 아닙니다. 감내의 대상도 아닙니다. 어떻게 하든지 극복해야 할 대상입니다.

하지만 결핍은 역기능만 있는 것이 아니라 순기능도 있습니다. 결핍을 잘 감내하거나 극복하면 그다음에 좋은 결과가 오기 때문입니다. 실상 모든 좋은 것들은 이 결핍 다음에 오게 되어 있습니다. 그 반작용이거나 행운이거나 그렇습니다.

음식이 유독 맛있게 느껴지거나 진정 물을 마시고 싶은 때가 언제입니까? 배고플 때, 목마를 때입니다. 어디까지나 추운 겨울 다음에 오는 것이 봄입니다. 겨울 날씨가 추우면 추울수록 봄에 피는 꽃들은 화려하도록 되어 있습니다. 겨울이 없이는 아예 꽃을 피우지 않는 식물도 있습니다. 그만큼 꽃들에겐 결핍의 계절인 겨울이 필요한 것이지요.

역시 오래전 초등학교 교감으로 근무할 때의 일입니다. 시골 학교였는데 출퇴근할 때면 들판을 지나야 했습니다. 그 길가에는 딸기 농사를 짓는 비닐하우스들이 즐비하게 세워져 있었습니다.

11월쯤 되는 어느 날이었을 것입니다.

비닐하우스의 비닐 지붕이 옆으로 조금씩 벗겨져 있는 거예요. 기껏 딸기 모종을 심고 가꾸다가 왜 추운 날씨에 비닐하우스 옆구리를 열어 찬 바람에 노출시키는 것일까? 의아한 마음에 농부에게 물었지요. 그때 대답이 그래요. "이거요, 딸기 잠재우는 거예요."

딸기를 잠재운다? 비닐하우스에서 잘 자라난 딸기들입니다. 이제 꽃이 피어도 좋을 만큼 자랐습니다. 이때 딸기에게 겨울을 체험하게 해야 한다고 합니다. 그렇지 않으면 꽃을 피우지 않는다고 합니다. 그래서 비닐하우스 옆구리를 걷어 올려 찬 바람을 일부러 집어넣어 준다는 것입니다. 가짜 겨울을 주는 것이지요.

이런 예는 또 있습니다. 호주의 남부 도시 시드니로 이민 가서 사는 우리나라 교포의 이야기입니다. 한국에서 보던 개나리가 좋아서 고국 방문길에 개나리 몇 도막을 잘라다가 시드니 자기 집 정원에 심었다고 합니다. 그런데 그 개나리가 자라기만 하지 몇 해를 두고서도 꽃은 피우지 않는 거예요.

답답한 마음이 들어 식물에 대해 잘 아는 분에게 물었답니다. 그랬더니 시드니에는 겨울이 없어서 개나리가 자라기만 하지 꽃을 피우지 않는 것이라고 대답하더라는 겁니다. 이것이 바로 봄을 마련하는 현상, 봄 되기 현상, 춘화春化 현상입니다.

그건 우리네 인생도 그렇습니다. 절대로 시련이나 결핍 없이 좋

마이너 없이 메이저 없다

은 일은 일어나지 않습니다. 진정으로 성공하고 싶으면 시련이나 결핍을 견뎌야 합니다. 눈감거나 피할 일이 아닙니다. 당당히 맞서 이겨내야 합니다. 저 풀이나 나무들이 겨울의 터널을 지나고 나서야 예쁜 꽃을 피우는 것처럼 말입니다.

이 또한 20대 후반, 어떤 선배 시인에게서 들은 말입니다. "살아난다는 보장만 있다면 젊은 시절 죽을병에 한번 걸려보는 것도 나쁘지 않다." 어디까지나 살아난다는 보장이 있어야 합니다. 그렇다면 죽을병에 걸려 아파보는 것도 그의 인생에 도움이 된다는 얘깁니다.

주변에서도 암에 걸렸다가 완치된 사람들을 보면 알아요. 그 사람, 이전과 이후의 삶이 확연하게 달라졌어요. 무의미한 날들이 의미 있는 날로 바뀌고, 무덤덤하고 권태로운 일상이 반짝이는 일상으로 바뀝니다. 무엇이든지 새로워지고 감사해지고 싱싱해집니다.

그렇다고 일부러 시련이나 궁핍이나 실패를 겪으라는 건 아니에요. 만약에 살아가다가 그런 일이 있으면 이런 말을 참고삼아 용기를 내라고 미리 하는 말이에요. 어쩌면 지금 당신의 입장이 그럴지도 몰라요. 부디 당신에게 승리가 있기를 바라요.

터닝 포인트

이번에는 인생의 터닝 포인트에 대해서 이야기해 보고 싶어요. 이 또한 내가 젊은 친구들을 만나면 자주 해주는 얘기예요. 우리 인생에는 터닝 포인트가 있을 수 있어요. 살아가다가 이렇게 살아서는 안 되는데 하고 스스로 깨닫는 시점이 바로 터닝 포인트가 있어야 할 시점이에요.

터닝 포인트는 계기가 중요한데, 그 계기로는 질병, 실패, 시련, 여행 같은 것들이 있어요. 이 가운데 앞의 세 가지, 질병과 실패와 시련은 우리가 선택할 사항이 아니에요. 다만 맨 나중의 여행은 우리 자신이 선택할 수 있는 방법이지요.

일단 살아가다가 터닝 포인트를 가질 필요가 있다고 생각되면 여행을 해보는 것이 좋아요. 여행을 하면서 지나온 날들, 자기의 삶을 솔직히 내려놓고 돌아보는 거예요. 반성이지요. 그래서 이대로 살아서는 안 되겠다 싶으면 자기 자신에게 요구하는 거예요. 터닝 포인트를 갖자고.

그건 나도 그랬어요. 꼭 나이 50세 때였어요. 어려서부터 시인이 되고 싶었고 초등학교 교직에서 승진도 하고 싶었지요. 그래서 26세 때 시인이 되었고, 44세 때 초등학교 교감이 되었고, 그다음 해에 전문직인 장학사가 되었어요. 그래서 5년 동안 교육연수원에서 근무했어요.

그런데 시인으로서 내리막길인 거예요. 내리막길이라 해도 너무 많이 내리막길인 거예요. 이래서는 안 되겠다는 자각이 왔어요. 그때 나는 유럽 여행을 떠났지요. 영국, 프랑스, 독일 등 세 나라. 최초로 떠난 외국 여행이었는데 그때 11박 12일 동안 나는 나에게 타이르고 타일렀지요. 이대로는 절대로 안 된다고.

밤마다 낯선 나라 낯선 침대에서 잠을 자면서 나 자신을 설득하고 마침내 굴복을 받아냈지요. 그렇다. 이번 여행에서 돌아가면 절대로 지금처럼은 살지 않는다. 어떻게든 새롭게 살아야 한다. 그렇게 해서 다음 학기에 시골 초등학교 교감으로 돌아가게 되었어요.

거기서부터 나의 새로운 길이 시작되었지요. 모든 것을 새롭게 했어요. 우선 잡문을 쓰지 않으려고 했어요. 신문이나 잡지의 청탁으로 쓰는 글 말이에요. 그리고 문인들 모임에 나가지 않으려고 했어요. 책도 잡지를 읽지 않고 고전을 읽기로 했어요.

그러면서 연필그림 그리기를 새롭게 시작했어요. 마음이 조금씩 가라앉고 새로운 글이 써지기 시작했어요. 만약 그때 내가 그런 터닝 포인트를 갖지 않았다면 그 이후의 나의 문학 작품은 존재하지 않아요. 그만큼 그때의 터닝 포인트가 나에게 중요한 역할을 해준 것이지요.

어디까지나 터닝 포인트는 유턴하고는 달라요. 유턴이 가던 길을 돌아서 오는 것이라면, 터닝 포인트는 가던 길을 계속해서 나아가면서 새로운 길을 열어나가는 그 어떤 계기를 말해요. 터닝 포인트가 열어주는 길은 처음 가는 길이고 낯선 길이고, 그러므로 눈부신 길이고 놀라운 길이에요. 누구나 그 길 위에서 새로운 인생과 축복을 만날 거예요.

윤동주 선생의 이런 시를 읽으면 터닝 포인트에 대한 생각이 좀 더 확실해질 거예요.

내를 건너서 숲으로
고개를 넘어서 마을로

마이너 없이 메이저 없다

어제도 가고 오늘도 갈
나의 길 새로운 길

민들레가 피고 까치가 날고
아가씨가 지나고 바람이 일고

나의 길은 언제나 새로운 길
오늘도…… 내일도……

내를 건너서 숲으로
고개를 넘어서 마을로

- 윤동주, 〈새로운 길〉

좋은 친구

어느 날의 일입니다. 한가한 시간이 생겨 누군가 한 사람 만나 차라도 한잔 나누고 싶은 생각이 들었어요. 마침 그날은 비가 내리는 날이었지요. 자전거도 탈 수 없고 그래서 우산을 받쳐 든 채 시내 쪽으로 가면서 전화를 걸었습니다. 평소 만나서 이야기했으면 좋겠다고 생각한 사람이었지요.

그런데 전화를 안 받는 거예요. 그다음 사람을 생각해 내고 전화를 걸었지요. 이번에는 멀리 외출 중인 거예요. 그렇게 다섯 사람이나 전화를 걸었는데도 아무도 만날 사람이 없었지요. 아니, 나하고 만나주는 사람이 없었지요. 하는 수 없이 나는 혼자서 내가 잘

마이너 없이 메이저 없다

가는 찻집에 가서 차를 마시고 돌아왔습니다.

차를 마시면서, 다시 비 오는 길을 우산을 쓰고 집으로 돌아오면서 곰곰이 생각해 보았어요. 나에게 정말로 좋은 한 사람 친구는 있는가? 대번에 없다는 생각이 들었어요. 아니지요. 내가 누구에겐가 좋은 친구였나 생각해 보았어요. 역시 아니란 생각이 들었어요. 이렇다면 큰일인 것입니다. 내가 잘못 산 것이고, 헛되이 산 인생인 것입니다.

서양 속담에 이런 말이 있다고 해요. '좋은 친구는 한 사람도 많다.' 말로는 쉽지만 현실로서는 참 어려운 일이에요. 이런 말도 있어요. 이번에는 인디언 속담입니다. '친구란 나의 슬픔을 대신 지고 가주는 자이다.' 가슴이 저리도록 감동적이고 좋은 말이에요. 그렇지만 현실적으로 그런 사람이 나에게 없다는 것이 문제이고, 내가 그 누구에겐가 한 번도 그런 사람이 되어보지 못했다는 게 또 문제지요.

《명심보감》이란 책에 이런 내용이 나와요. '술과 밥 먹으면서 형이요 아우요 하는 사람은 천 사람이 있을지라도, 내가 급하고 어려운 일 당했을 때 진정으로 걱정하고 도와줄 사람은 한 사람도 없을 수 있다酒食兄弟 千個有 急難之朋 一個無.' 역시 가슴이 찔리는 말이에요. 과연 나에겐 이런 사람이 있는가? 나는 한 번이라도 누구에게 그런 사람이었는가?

그래서 지금 나하고 사귀는 사람들에게 잘해야만 해요. 무조건 잘하도록 노력해야 해요. 그건 나부터 잘해야 해요. 우리나라 속담에도 이런 말이 있지요. '가는 말이 고와야 오는 말이 곱다.' 그래요. 내가 먼저 잘해주어야 합니다. 구름한테도 잘해주고 바람한테도 잘해주어야 합니다. 마음으로 그러할 때 구름도 바람도 나에게 좋은 마음을 가질 거예요.

사람들이 톨스토이에게 물었습니다. "세상에서 가장 귀한 것이 무엇입니까?" 톨스토이가 답했습니다. "첫째는 지금, 여기. 둘째는 옆에 있는 사람. 셋째는 그 사람에게 잘해주는 것." 이 말을 한 줄로 요약하면 이래요. 세상에서 가장 귀한 것은 '지금 여기 나하고 같이 있는 사람에게 잘해주는 것이다.' 그렇게 지금 곁에서 함께 사는 사람이 소중한 사람인 것입니다.

다시 말하지만 친구는 나를 이끌어주는 또 하나의 나입니다. 나의 분신이며 가장 좋은 나의 동행입니다. 중국 명나라 때의 사상가 이탁오는 '사우師友'란 말로 스승과 제자를 설명했습니다. '스승이면서 친구가 될 수 없다면 진정한 스승이 아니고, 친구면서 배울 바가 없다면 그 또한 진정한 친구가 아니다.' 이 얼마나 놀라운 탁견인가요! 그럼, 여기서 함석헌 선생의 시 한 편을 읽어보기로 합시다.

마이너 없이 메이저 없다

만 리 길 나서는 길
처자를 내맡기며
맘 놓고 갈 만한 사람
그 사람을 그대는 가졌는가

온 세상 다 나를 버려
마음이 외로울 때에도
'저 맘이야' 하고 믿어지는
그 사람을 그대는 가졌는가

탔던 배 꺼지는 시간
구명대 서로 사양하며
'너만은 제발 살아다오' 할
그 사람을 그대는 가졌는가

불의의 사형장에서
'다 죽어도 너희 세상 빛을 위해
저만은 살려두거라' 일러줄
그 사람을 그대는 가졌는가

잊지 못할 이 세상을 놓고 떠나려 할 때
'저 하나 있으니' 하며
빙긋이 웃고 눈을 감을
그 사람을 그대는 가졌는가

온 세상의 찬성보다도
'아니' 하고 가만히 머리 흔들 그 한 얼굴 생각에
알뜰한 유혹을 물리치게 되는
그 사람을 그대는 가졌는가

- 함석헌, 〈그 사람을 가졌는가〉

사랑이란

우리 인간의 마음 가운데 가장 복잡한 마음이 사랑의 마음입니다. 사랑은 본래 좋은 느낌에서 출발합니다. 호감, 친밀감, 친애감, 염려, 걱정, 동질감 같은 감정들이 사랑의 마음에서 나오는 감정입니다. 그래서 밝고 아름답고 긍정적인 성향을 띱니다.

하지만 이것이 조금만 방향을 바꾸면 곧바로 미움, 혐오, 기피, 증오와 같은 감정으로 바뀌고 맙니다. 이걸 애증이란 말로 표현해요. 가까웠던 마음이 매우 멀어지고 한 몸이나 한마음같이 느껴지던 상태에서 천리만리나 멀어진 것같이 되는 것이지요.

아무래도 사랑의 원본은 엄마가 아기를 위하는 마음이나 태도에서 볼 수 있을 것 같아요. 무조건 주고 싶은 마음, 희생하고 싶은 마음, 편들어 주고 싶은 마음, 또 거기에서 출발해서 나오는 엄마의 모든 행동이 사랑의 원형이지요. 이런 사랑을 우리가 경험하고 살았기에 그래도 세상을 아름답게 살 수 있는 게 아닌가 싶어요.

우리말 가운데서 사랑이란 말처럼 아름다운 말은 없어요. 사랑, 사랑, 하고 소리 내어 부르면 저절로 가슴이 따뜻해지고 나 자신이 환해지는 듯 느껴져요. 사랑. 아무래도 가까이하면서 살 일이에요. 잘 참아주고 기다려주고 때로는 져주는 것이 사랑의 가장 좋은 모습, 깊은 모습이라고 그래요.

젊은 시절엔 나부터 사랑은 마주 보는 것이라고 생각했어요. 예쁜 얼굴, 귀여운 얼굴을 한없이 마주 보는 것이 사랑이라고 생각했어요. 그런데 《어린 왕자》의 작가 생텍쥐페리는 그의 소설 《인간의 대지》에서 사랑을 이렇게 표현했어요. '사랑은 서로 마주 보는 것이 아니라 둘이서 같은 방향을 내다보는 것이다.'

매우 좋은 말이에요. 사실이 또 그렇고요. 마주 보고 있으면 대결 구도가 생겨 분위기가 팽팽해집니다. 그러나 옆자리에 나란히 앉으면 수평 구도로서 부드럽고 평화로운 분위기가 생깁니다. 동질감을 느껴요. 바로 이것입니다. 사랑은 대결이 아니라 평화라는 것.

지나치게 뜨겁지 않은 사랑을 생각합니다. 너무 성급하지 않은 사랑을 생각합니다. 가까이에 있지 않아도 늘 마음속 깊이 그를 위

해 기도하고 걱정하고 응원하는 사랑을 생각합니다. 사랑하는 사람
이 사랑하는 것까지 사랑해 주는 사랑을 생각합니다.

　이런 사랑을 나는 '패키지 사랑'이라고 부릅니다. 패키지란 우편
물이란 뜻이고 포장이란 뜻이고 보따리란 뜻이지요. 패키지여행이
라고 할 때 그 패키지입니다. 사랑하는 사람이 사랑하는 물건이며
사람까지 더불어 사랑해 주는 사랑. 그런 사랑이 바로 어머니가 자
식을 생각하는 사랑이 아닐까 싶습니다.

　사랑은 의외로 품이 넓고 따스하고 깊은 인간의 마음이에요. 사
랑이야말로 인간을 영원히 살게 하는 마음이에요. 셰익스피어의 시
〈소네트 19〉를 보면 인간을 영원히 살게 하는 것이 바로 '자식, 사
랑, 시' 세 가지라고 해요.

　자식이 인간을 영원히 살게 하는 것이라는 것쯤은 대뜸 알 만한
일이지요. 그리고 사랑에 대해서도 알 만해요. 사람이 사랑하게 되
면 보다 더 아름다워지고 너그러워지며 그 사랑의 마음이 나중까지
도 아름답게 좋은 쪽으로 기억되기 때문이지요. 그렇지만 세 번째
가 '시'라는 건 좀 이해가 필요해요. 사랑하는 마음과 사랑하는 사
람을 시로 표현하면 그 시가 세상에서 사라지지 않는 한 영원히 사
는 것이 된다는 설명이에요. 그만큼 사랑이란 감정은 크고도 아름
답고 훌륭한 것이지요.

행복이란

사람은 왜 사는가? 무엇을 위해 사는가? 물으면 천차만별의 답이
나올 테지만 그 핵심에는 행복이란 것이 있어요. 행복. 이 또한 쉽
고 가깝지만 난해한 말입니다. 과연 무엇이 행복일까요?

우선 행복은 감정이란 것이지요. 그러므로 외형적이거나 물리
적 조건으로도 판단 가능한 일이지만 더 많게는 감정에 의해서 판
단이 된다는 것이지요. 이것이 관건입니다.

여기 물질적으로, 사회적 지위로 아주 떵떵거리며 잘사는 한 사
람이 있습니다. 그의 집도 좋고 그의 자동차도 비싼 것입니다. 그는
과연 행복한 사람일까요? 부러운 사람일지는 몰라도 행복한 사람

마이너 없이 메이저 없다

이라고 단정하기는 어렵습니다.

부러움은 남의 것이고, 행복은 나의 것입니다. 가끔 우리는 이것을 혼동하는 것 같아요. 티베트 망명 정부 수반이자 세계적인 영적 지도자인 달라이 라마가 이렇게 말한 적이 있어요. "한국인, 부유한 것은 맞다. 그러나 행복하지 않은 것 같다."

이것은 매우 따가운 지적입니다. 왜 한국인은 잘사는 데도 불구하고 행복이 부족할까요? 그건 만족하는 마음이 부족해서 그렇습니다. 만족은 그야말로 주관적인 것이고 감정에서 우러나오는 심리적 상태 가운데 하나입니다. 만족하지 못하면 아무리 좋은 것도 좋은 줄 모르는 거 아닌가요?

그렇습니다. 만족이 있어야 행복감이 오는 것입니다. 오늘날 우리 한국인들은 바라는 것이 너무도 높고 멀고 큽니다. 그러니 자기가 이미 가진 것, 주변에 있는 것들은 양이 차지 않는 겁니다. 그러니 행복하지 않은 것입니다.

그러면 어떻게 해야만 만족할 수 있을까요? 충분히 만족하기 위해서는 먼저 감사하는 마음이 있어야 합니다. 작은 일에 감사하고, 반복되는 일상적인 일에 감사하고, 주변에 있는 모든 사람들을 좋은 쪽으로 긍정적으로 생각할 때 감사하는 마음이 생깁니다.

이 감사하는 마음이 만족하는 마음을 데리고 옵니다. 어떻게 보면 감사하는 마음은 만족하는 마음의 마중물 같은 것입니다. 이렇게 감사하는 마음이 만족하는 마음을 불러오면 인간은 저절로 기쁜 마음에 이릅니다. 이 기쁜 마음이 바로 행복을 초대해 오는 원동력입니다.

결국은 우리 삶의 실상에 기쁨이 없어서 행복이 없는 것입니다. 그렇다면 기쁜 마음을 가지도록 노력해야 할 일입니다. 나의 기쁨만을 위해서가 아니라 타인의 기쁨을 위해서도 노력해야 합니다. 비록 타인에게 기쁨을 주지는 못할지라도 타인의 기쁨을 방해하는 일은 없어야 하겠습니다.

나는 오늘 무엇이 기쁜가 생각해 봅니다. 살아 있는 사람인 것. 무슨 일인가를 하는 것. 누군가를 만나는 것. 어딘가를 가는 것. 그렇다면 내가 오늘 행복하지 않은 사람일 까닭은 없는 것입니다.

자동차가 없지요. 살고 있는 아파트는 지은 지 30년이 넘는 변두리 낡은 아파트지요. 늙은 사람인데 몸에는 병도 있지요. 그렇지만 내가 그런 것 때문에 불행할 까닭은 없는 일입니다. 내가 여러분에게 이렇게 길고 긴 편지를 쓰는 일도 충분히 기쁜 일이에요. 그렇다면 나는 이미 행복한 사람인 것입니다.

마이너 없이 메이저 없다

3장.

구름의
징검다리

중학생들과의 만남

사람의 생애 가운데 가장 불안정한 시기를 말하라면 그것은 대뜸 중학생 시절이에요. 육체적으로나 정신적으로나 모두 불안정한 시기이지요. 초등학교를 졸업하고 고등학교 들어가기 전이니까 어린이도 아니고 청소년도 아닌 사람들이 바로 중학생이에요.

대개 이 시기에 사춘기를 맞아요. 그러므로 더욱 심리적으로 출렁거려요. 마치 바다에 세찬 파도가 일어 일렁이는 것 같아요. 사춘기란 어린아이가 성인이 되어가는 시기를 말해요. 신체적으로 우선 어른이 되어가면서 정신적으로도 어른이 되어가는데, 때로 정신적인 면에서 이를 따라가지 못해 문제가 생기기도 하지요.

마이너 없이 메이저 없다

사춘기를 성에 눈뜨는 시기라고 하는데 이 시기는 자아가 눈뜨는 시기이기도 하지요. 나는 누구인가? 나는 앞으로 어떻게 살 것인가? 그런 고민을 하게 되지요. 그러므로 중학교 시절이 중요해요. 가소성이 강한 시기이지요. 교육학에서 가소성이란 '주물러서 새롭게 만들어질 수 있는 성질'을 말해요.

이는 변화 가능성을 뜻해요. 그러니까 중학교 시절에 그 사람의 성인으로서의 전체적 윤곽이 잡힌다는 것이지요. 중학교 시절을 충실하게 잘 넘긴 사람은 그 사람 생애 전체가 충실해지기 마련이에요. 그러므로 불안한 면도 있지만 미래에 대한 소망도 있다고 보아야 해요.

문학 강연을 할 때도 중학생을 상대로 할 때는 살짝 긴장이 돼요. 특히 중학교 2학년이 부담스러워요. 중학교 학생들 가운데서도 제일 요란스러운 아이들이 바로 중학교 2학년생이거든요. 사람들은 말해요. '중학교 2학년 아이들 무서워서 북한 사람들이 남한으로 쳐들어오지 못한다'고. 그러면서 또 말해요. 그래서 '중학교 2학년 아이들은 국방의 의무를 다하는 아이들'이라고. 이런 얘기를 해 주면 저희들도 따라서 웃어요.

그런데 말이지요. 이렇게 요란스러운 중학생들도 시를 읽기만 하면 얌전해지고 차분해져요. 그건 참 놀라운 변화예요. 전국의 여러 중학교를 돌아다니면서 여러 차례 느끼고 경험한 일이에요. 출렁이던 바다가 고요해진 느낌이에요. 차분하게 이야기를 들으면서 깊고도 명상적인 눈으로 나를 바라볼 땐 그 어떤 사람보다도 아름답게 느껴져요.

한번은 제주도의 어떤 중학교에 강의 갔을 때 한 여학생이 사인을 받으면서 내 시 한 편을 외우는 거예요. 그러다가 끝내 울음을 터뜨리는 거예요. 〈혼자서〉란 시였는데 시의 마지막 구절, '너 오늘 혼자 외롭게/ 꽃으로 서 있음을 너무/ 힘들어하지 말아라.'가 좋다는 거예요.

그래서 물었지요. "그래 너희들도 힘든 일이 있니?" 그랬더니 대뜸 "네" 하고 답하면서 다시금 고개를 숙이며 울먹거려요. 나는 그때 그 아이를 보면서 많은 걸 느끼고 알게 되었지요. 이런 아이들의 마음을 위로해 주고 쓰다듬어 주고 달래줄 수 있는 시를 써야겠구나! 그런 다짐을 하기도 했지요.

다시 어떤 중학교에 갔을 때의 일이었어요. 길게 줄을 서서 나의 사인을 받고 난 한 아이였어요. 여학생인데 몸집이 좀 통통한 편이었지요. 사인을 해주었는데도 아이가 머뭇거리더니 나에게 다가와 말하는 거예요. "선생님, 제가 한번 안아봐도 될까요?" 그러더니 나를 덥석 안고는 내 귀에 대고 이렇게 말하는 거예요. "많이 보고 싶었어요."

중학생들이 이래요. 그런 친구들은 대부분 시를 많이 읽은 친구

마이너 없이 메이저 없다

들이에요. 특히 내 시집을 읽으면서 내 마음과 만났고 내 영혼과 깊이 사귄 친구들이에요. 그럴 때마다 나는 눈물이 나려고 해요. 마음이 울컥해지면서 큰 감동을 받아요. 무언가 주기 위해서 강연하러 갔는데 오히려 많은 걸 받아가지고 돌아온다는 느낌이 들어요. 그게 바로 중학생들과의 만남이에요.

쏠림 현상

며칠 전, 서울의 출판사 편집자로부터 요즘 교정보는 책의 서문을 써달라는 요청이 있었어요. 그때 그 글에서 '베끼다'라는 말을 사용한 일이 있지요. 그런데 대뜸 지적이 온 거예요. 베끼다라는 말이 부적절하니 다른 말로 교체해 달라고. 나는 그때 생각해 보았어요. 이것은 무언가 많이 잘못된 일이라고.

베끼다라는 말은 좋지도 않고 나쁘지도 않은 지극히 객관적인 용어예요. 그림이나 글을 있는 그대로 옮겨 오는 것을 말하지요. 이 베끼다라는 말과 함께 '모방'이란 말도 있는데 이 말 역시 그렇게 비난받을 말이 아니에요. '모방은 창조의 어머니'란 말도 있지 않나

마이너 없이 메이저 없다

요. 이것은 모두 우리가 지나치게 감정적이고 옹졸해서 그래요.

이유는 짐작이 가요. 얼마 전 우리나라 인기 작가 한 사람의 표절 사건 때문에 베끼다라는 말이 이렇게 지탄받는 말이 된 거예요. 그 작가가 필사한 노트의 상당 부분을 자기의 창작적인 글에 옮겨 넣었다가 그렇게 된 것인데 그때 베끼다라는 말이 나쁜 말로 낙인 찍히게 된 것이지요.

1947년 미국의 코닐리어스 오스굿이란 인류학자가 우리나라의 경기도 강화도 선두리 마을에서 한국인들의 정서적 특성을 연구한 일이 있다고 그래요. 그때 오스굿은 우리나라 사람들의 정서 세계가 매우 감정적이고 격정적이며 불안정한 구석이 있다고 보았어요. 그래서 이성적인 잉글랜드 사람에 비해 격정적인 아일랜드 사람에 가깝다고 하여 한국인을 '오리엔탈 아이리시'라고 명명하고 구강가학적 민족이라고 말했어요.

한국인들은 입으로 먹고 마시고 말하는 것을 매우 격렬하게 한다는 것이에요. 술이나 음식도 격하게 먹고, 말하거나 노래를 하는 것도 화끈하게 한다는 것이지요. 그래서 오늘날 한국 대중문화의 열풍인 한류 문화도 가능했다고 설명할 수 있지요. 우리나라 사람들의 욱하는 성격도 바로 여기서 기인한다고 설명해요.

그런데 우리나라 사람들의 쏠림 현상은 조금은 걱정스러울 정도예요. 이것도 우리나라 사람들의 감정적인 성격에서 기인한 한 현상이니까요. 무슨 사건이 하나 터졌다 하면 온 국민의 눈과 귀가 그리로 쏠려 이성적인 판단이 함몰되고 말지요. 그건 문화 판도나 정치나 사회 경향도 마찬가지예요. 누군가 한쪽이 좋다고 말을 하고 그것이 소문을 타면 무조건 쏠리는 경향이 있지요. 그래서 다양성을 잃고 말아요.

가치관의 일원화도 이런 데서 비롯되는 게 아닌가 싶어요. 한번 대중들에게 안 좋은 쪽으로 인상 지어지면 용서가 없지요. 마치 들불이 번지듯 삽시간에 확대되어 그것은 마녀사냥식으로 전개돼요. 과열되는 거예요. 사뭇 두렵다는 생각이 들어요. 그러다가 어느 시점에서는 또 언제 그랬느냐는 듯 말끔히 망각해 버리고 말지요.

한곳으로 기우는 이 외통수, 외골수 기질을 우리 젊은 세대들은 조금씩 안 그런 쪽으로 고쳐주었으면 싶어요. 느긋하게 관찰하고 이성적으로 판단해서 대처하는 성숙한 마음씨를 가지도록 노력했으면 좋겠어요. 인생은 오히려 길어요. 지나치게 서둘러서 모든 걸 쉽게 판단하고 결단 지을 일이 아니에요. 젊은 세대들의 아름답고도 여유 있는 내일의 삶이 참으로 보고 싶어요.

마이너 없이 메이저 없다

취업과 결혼

젊은 시절, 가장 중요하면서도 어려운 과제가 무엇일까요? 뭐니 뭐니 해도 그것은 먼저 취업의 문제일 거예요. 직장을 갖는 것이지요. 일단은 직장을 가져야 앞날의 삶을 열어갈 수 있어요. 사람이 성인이 되어 독립적인 삶을 유지하려면 돈이 필요한데 그 돈을 얻는 유일한 방법이 취업이거든요. 그래서 요즘 젊은이들은 취업 문제로 많이 힘들어해요.

그건 예전 내가 젊어서도 마찬가지였어요. 지금 여러분이 고민하고 또 노력하는 부분도 바로 그것일 거예요. 한때는 대기업으로 몰리는 경향이 있었으나 요즘은 공무원으로 몰리는 경향이 강해요.

이것 또한 조금은 쏠림 현상 같은데 공무원은 안정된 근무를 할 수 있고 정년이 보장되기 때문이 아닌가 싶어요.

사람들 입에서 '공무원 고시'란 말이 나오는 실정이니 공무원이 되기는 힘든 일인가 봐요. 학교 선생님도 공무원에 준하는 직업이에요. 교원 임용 고사가 그것이지요. 그런데 교원 모집 정원에 비해 응시자가 많아 경쟁률이 높기는 공무원과 비슷한 실정이지요. 교원 임용 시험은 기본적으로 응시하는 사람이 교원 자격증이 있어야 하는데 예전에 비해 교원 자격증을 소지한 사람이 많아 경쟁률이 자연스럽게 높아지고 말았지요.

1년에 한 차례씩 치르는 교원 임용 시험. 우리 아파트에 사는 이웃 가운데서도 그 임용 시험을 네 번 다섯 번 치른 사람이 여럿 있어요. 참 이것은 생각할수록 안타까운 일이에요. 내가 교사가 될 때는 사범 계열의 학교만 나오면 저절로 교사에 임용되고 학교 발령이 났는데 세상이 변하고 제도가 변하고 모든 것들이 이렇게 변하고 말았군요.

젊은 시절 취업과 함께 또 중요한 문제는 결혼이에요. 잘 알다시피 한 남자와 한 여자가 만나서 한 가정을 이루는 것이 결혼이지요. 결혼이야말로 인간 생애에서 가장 중요한 일 가운데 하나예요. 옛날 어른들도 결혼은 '관혼상제' 가운데 하나라고 해서 중요시했지요. '인륜지대사人倫之大事'라고까지 말했지요.

그런데 요즘 젊은 세대들이 결혼을 포기하는 경우가 많다고 해서 안타까운 심정이에요. 정말로 그러면 안 되는 일이에요. 사람은 적절한 시기에 결혼해서 한 가정을 이루고 아이를 낳고 아이를 기르면서 살아야 해요. 그래야만 완전한 인생을 살 수 있어요. 그래야 국가나 사회도 발전하고 좋아져요. 그런 점에서 연애와 결혼과 출산 세 가지를 포기한다는 '삼포인생'은 안 좋은 일이에요.

여기서 생각하고 넘어갈 일은 연애와 결혼이 많이 다르다는 점이에요. 연애는 남녀가 서로 이성적 끌림에 의해서 단순하게 좋아하는 상태를 말해요. 특별한 제약도 없고 책임도 없지요. 자유롭지요. 사귀다가 마음에 안 맞으면 헤어지면 되는 인간관계지요. 상호 간 상처가 남기는 하겠지만 조금은 가볍고 선택의 폭이 넓은 인간관계이지요.

하지만 결혼은 달라요. 연애가 감성에 기초한다면, 결혼은 이성에 기초해야 해요. 우선 결혼은 생활이에요. 그것도 공동생활이에요. 가족 공동체이고 경제 공동체이지요. 그러므로 상당 부분 제약이 따르고, 책임이 따르고, 약속 이행이 있어야 해요. 무엇보다도 성실성이 요구돼요. 그리고 상대방에 대한 존중과 이해가 있어야 해요. 연애할 때는 감성적인 사랑만으로 충분하지만 결혼 생활에서의 사랑은 가족으로서의 사랑이고 신뢰를 바탕으로 한 사랑이어야 해요.

나는 사랑의 단계가 호기심, 신뢰, 존경으로 발전하고 성장한다고 보는데, 존경의 단계까지는 어렵다 하더라도 신뢰까지는 가야만 결혼 생활이 원활하게 유지된다고 봐요. 바로 이 신뢰가 무너져서 결혼의 파탄이 오지요.

가끔 중학교나 고등학교 학생들에게 강연을 할 때 연애와 결혼이 다르다는 말을 해줘요. 결론부터 말하면 청소년 시절 연애는 해도 좋으나 그 상대와 결혼해서는 좋지 않다는 말을 해줘요. 청소년 시절에는 감성이 넘쳐서 이성적인 판단이 좀 부족해요. 처음 만난 상대에게 운명적인 만남이라는 판단을 내릴 수도 있어요. 그래서 그런 만남을 결혼까지 가지고 가면 그것이 일생 불행의 씨앗이 되기도 하지요.

그동안 여럿 보았어요. 그렇게 결혼을 해서 끝내 오래 살지 못하고 헤어지는 커플. 우리 딸이 결혼할 때도 말했어요. 잘생긴 남자. 돈 많고 배경 좋은 남자. 마음이 따뜻한 남자. 어떤 사람과 결혼해야만 평생 행복하고 편안하게 살 수 있을까? 우리 아이는 그 문제를 잘 풀어서 지금 잘 살고 있어요. 감사한 일이지요.

마이너 없이 메이저 없다

인생 사계

혹시 '인생 사계'란 말 들어봤는지요? 대뜸 사계라고 하면 네 개의 계절을 말하는 사계四季를 떠올렸을 거예요. 그렇지만 여기서는 인생에 네 가지의 계획이 있다는 뜻으로 사계四計예요. 계획이라고 하면 또 서양식으로 플랜, 프로그램 등과 같이 구체적인 계획을 생각할지 몰라요. 그렇지만 다시금 여기서의 계획은 보다 포괄적인 계획을 말해요. 인생살이의 한 태도나 방향 같은 걸 말하지요.

게다가 사계가 인생이라는 말과 조합을 이루니 더욱 낯설고 이질적일 것이에요. 이 사계란 용어는 우리 국어사전에도 나오는 말이에요. 국어사전의 풀이를 한번 보지요. '사계四計: 삶에서의 네 가지 계획. 곧 하루의 계획은 새벽에, 한 해의 계획은 봄에, 일생의 계획은 부지런함에, 한집안의 계획은 화목함에 있음을 이르는 말이다.'

나도 사실은 이 말을 아주 나중에 알았어요. 50대쯤 알았다 할까요. 보다 젊은 시절에 이런 좋은 말을 알았더라면 살아가는 데 많은 도움을 받았을 텐데 참 아쉬운 일이에요. 그래도 늦게나마 알았으니 다행이란 생각이에요. 이런 말들은 그냥 케케묵은 낡은 것이 아니에요. 충분히 우리 인생살이에 도움을 줄 수 있는 좋은 교훈이고 지혜 같은 것이라고 생각해요.

한번 살펴볼까요. 먼저 하루의 계획은 새벽에 있다, 그 말은 하루하루가 소중하다는 말이에요. 그래서 하루하루를 소중하게 알고 잘 살라는 충고이지요. 한 해의 계획은 봄에 있다는 말은 봄에 한 해의 계획을 세우고 한 해의 일을 준비하라는 말이에요. 아마도 이것은 우리 민족이 농경 민족이었기 때문에 농사를 의식해서 나온 말일 거예요.

세 번째로 일생의 계획은 부지런함에 있다는 말은 포괄적이고 원대한 말이에요. 구체적인 어떤 계획보다는 인생 태도를 말하지요. 이런 말이 있어요. '큰 부자는 하늘이 내고, 작은 부자는 부지런함이 만들어준다.' 그만큼 부지런함이 중요하다는 말이에요. 마지막은 더욱 깊고 부드러운 부탁이에요. 한집안의 계획은 화목함에

있다는 말씀. 이 얼마나 좋은 말씀인지요! '가화만사성家和萬事成(가
정이 화목하면 모든 일이 잘 이루어진다)' 같은 말도 이쯤에서 생기는
말이에요.

헝그리와 앵그리

나의 젊은 시절, 20대와 30대를 돌아봅니다. 나는 과연 어떤 젊은
이였나? 나는 19세부터 초등학교 교사였습니다. 경기도의 비무장
지대 가까운 곳, 시골 학교에서 2년 반 정도 선생을 하다가 군대에
입대하여 3년 복무하고 돌아와 다시 교직에 복직하였지요. 그것이
1969년.

그때의 내 나이 26세. 결혼을 하고 싶었지요. 요즘 세상은 안 그
렇지만 그 시절 26세는 결혼 연령으로는 좀 늦은 나이였습니다. 같
은 직업인 여교사를 적극적으로 좋아했는데 그만 버림을 받고 그
극복 과정에서 시인이 되었지요. 그래서 나중에 나는 그때 그 여교

마이너 없이 메이저 없다

사에게 버림받음으로 해서 시인이 되었다고 말하곤 하지요. 말하자면 불행한 일이 좋은 일이 되었노라, 전화위복이라는 말입니다.

1971년 시인으로 등단한 뒤 조금쯤 사회와 세상에 대한 안목이 열리고 관심이 생겼습니다. 그러나 나는 사회 정의나 그런 큰 문제에까지는 관심을 갖지 못하는 젊은이였습니다. 그런 걸 배울 수 있는 기회도 없었거니와 주변에 그런 것에 관심하는 사람도 많지 않았습니다. 다만 자신의 문제에 급급했고 하루하루의 삶에 지쳐 있었습니다.

젊은 시절의 삶을 이끌고 가는 힘에는 두 가지가 있다고 봅니다. 헝그리와 앵그리. 그것이 젊은 시절의 추동력이고 큰 두 바퀴이지요. 기본적으로 젊은이들은 많은 것들에 대한 욕구와 함께 그것이 충족되지 않는 데서 오는 미달감, 부족함을 느끼게 되어 있지요. 말하자면 결핍입니다. 이것을 채우고 싶은 욕망이 헝그리입니다. 그런가 하면 관심 영역이 자기 자신에서 확대되어 사회나 세상으로 향할 때는 앵그리가 됩니다. 사회 정의를 생각하고 사회 변화를 꿈꾸며 그것을 요구하지요.

헝그리가 강한 젊은이는 개인 지향이 되고 생활의 안정과 행복을 추구하는 반면, 앵그리가 강한 쪽은 집단 사회에 관심을 가지면서 이념 중심으로 생각하고 정의감 실현을 목표로 둡니다. 관심하는 세상도 그렇지만 그들의 담론도 헝그리는 생활 담론을 가지면서 주변의 일들에 눈길을 줄 것이고, 앵그리는 거대 담론에 기울면서 사회 일반에 둘 것입니다.

젊은 시절 나는 헝그리 쪽의 젊은이였습니다. 모든 면에서 부족하고 달리는 사람이었으므로 어떻게 하든지 자신을 채우고 세워야 겠다는 심정 하나로 살았지요. 무엇보다도 빈한한 삶이 힘들었습니다. 직위도 낮았고 사는 환경도 좋지 않았습니다. 그렇지만 나는 될 수 있는 대로 부끄럽지 않은 인생을 꿈꾸었습니다.

그 첫 번째가 정직한 삶이었습니다. 거짓말하지 않는 삶이었습니다. 오죽했으면 신춘문예 당선으로 시인이 되었을 때 나 자신과 한 약속이 '나는 이제부터 시인이므로 거짓말을 될수록 하지 않고 살겠다'였겠습니까. 그렇다고 해서 내가 완전무결 정직하고 진실한 사람이라는 말은 아닙니다.

젊은 시절 내가 좋아했던 말은 '빈이무첨貧而無諂 부이무교富而無驕' 였습니다. 이 또한 옛날 어른들 말씀인데 이런 뜻입니다. '나 비록 가난하지만 아부하지 않고, 나 비록 부유하지만 교만하지 않겠다.' 누군가에게 들은 말인데 이 말은 나에게 큰 위로와 자신감을 주었습니다. 가난한 시절 나를 지켜준 고마운 말이라고 생각합니다.

젊은 시절은 힘들어요. 할 일은 많고 꿈은 크고도 먼데 그걸 실천에 옮길 방법이 많지 않지요. 무엇보다도 경제적으로 부족합니다. 주변의 도움이 부족합니다. 어떻게 할까요? 나는 미래를 바라보며 끙끙 참으면서 그 터널을 지나와 이제 노인이 되었는데, 여러분에게도 참으라고만 할까요? 대답이 막막할 뿐입니다. 나이 든 사람으로서 미안한 마음일 뿐입니다.

그런데 여기서 한 가지만 부탁하고 넘어갑시다. 그 어떤 경우에도 인생을 포기하지 않겠다는 말이 그 말입니다. 인생은 의외로 길고 먼 길입니다. 아름답고 좋을 때도 있습니다. 현재의 처지가 힘들다고 처음부터 포기한다는 것은 자기 인생한테 미안한 일이고 죄짓는 일입니다. 힘들고 어렵더라도 한 발자국씩 노력하면서 천천히 앞으로 나아가라고만 말하고 싶어요.

어쨌든 함께 갑시다. 가는 데까지는 가봅시다. 그러다 보면 분명 좋은 날이 있지 않을까요? 이 또한 나이 든 사람의 말 같아서 미안한 마음이 없지 않습니다. 좋은 쪽으로 들어주었으면 합니다. 나이 들고 늙어서 나의 삶의 지향은 매우 소박합니다. 날마다 욕 안 얻어먹기와 밥 안 얻어먹기가 내 삶의 목표입니다. 그 두 가지만 실천하면서 살기에도 나의 삶은 힘이 듭니다.

여기에 더한다면 요구하지 않기와 거절하지 않기입니다. 보통은 거절하고 요구하는 삶입니다. 이걸 좀 바꿀 수는 없을까가 나의 소망입니다. 다른 사람에게는 정직하고 솔직하며, 나 자신에게는 청렴하고 결백하다면 얼마나 좋을까. 이보다 더 좋은 삶의 무기는 없다고 봅니다. 내가 그런 사람으로 조끔씩 나아가기를 소망합니다.

메이저와 마이너

지난 주말, 결혼식 주례가 있었습니다. 결혼식 전에 방영된 스크린 영상 멘트에는 '꽃길만 걷게 해주겠다'는 말이 나오고 '날마다 약속을 하겠다'는 말이 나왔습니다. 그러나 나는 주례사에서 이 말을 뒤집어서 인생이란 것이 그렇게 꽃길만, 꽃길만 걸으며 살 수는 없는 일이라고 말해주었습니다. 그리고 약속은 될수록 적게 하는 것이 좋다는 말을 해주었습니다.

그렇습니다. 인생은 언제나 꽃길만 가는 것이 아닙니다. 때로는 어려움이 따르고 시련이 있고 고달픔이 있게 마련입니다. 꽃길이란 것도 저절로 이루어지는 것이 아닙니다. 꽃길을 위해 숨어서 수

마이너 없이 메이저 없다

고하고 애쓰는 손길이 많지요. 정작 아름다운 꽃들도 추운 겨울과 모진 가뭄과 지루한 장마를 견딘 나머지 그처럼 꽃을 피우는 것입니다. 다만 꽃길을 걷는 사람이 그 모든 것을 몰라서 그렇게 말하는 것이지요.

약속이란 것도 그래요. 약속은 자주 하는 것이 중요한 게 아니라 이미 한 약속을 지키는 일이 중요합니다. 가장 어려운 약속은 자신과 한 약속을 자기가 지키는 일입니다. 나는 약속은 죽은 사람과 한 약속도 지켜야 한다고 생각하는 사람입니다. 말하자면 약속은 지켜질 때에야 비로소 약속이 된다는 신념이지요.

가끔 우리 세상에서 참 잘나가던 사람, 똑똑한 사람, 유명한 사람, 높은 자리에 있던 사람, 선망을 받던 사람이 일거에 무너지는 모습을 봅니다. 왜 그럴까요? 모두가 그런 건 아니지만, 많은 경우 그런 사람들은 지금까지 살아오면서 고생을 많이 하지 않고 좋은 환경과 조건 아래서 승승장구하며 살아온 사람입니다. 실패란 것을 모르고 산 사람들이기 때문이지요. 고난을 받지 않고 산 사람들이기 때문이지요. 그러기에 그렇게 한꺼번에 허망하게 무너지고 마는 것입니다.

이에 비하여 끝까지 무너지지 않고 버티는 사람들이 있습니다. 무너지더라도 시간이 흐른 뒤, 그 실패를 극복하고 일어서는 사람들이 있습니다. 진정으로 성공한 사람들, 진정으로 명예를 얻은 사

구름의 징검다리

람들은 대개가 그런 사람들입니다. 그들에게 있는 눈물겨운 마이너의 경험이 그들을 강하게 만들어준 것입니다.

마이너의 경험, 무명 시절의 단련은 그렇게 중요한 것입니다. 마이너 시절에, 무명 시절에, 혹은 실패의 한복판에서 그는 보다 더 단단해지고 보다 더 철저해집니다. 어찌 마이너 없이 메이저가 있다고 하겠습니까? 그건 애당초 없는 것입니다. 하나의 환상입니다. 실패도 학습이고 마이너나 무명도 교훈을 줍니다. 이렇게 해서는 안 된다는 교훈을 줍니다. 그래서 그가 메이저가 되었을 때 보다 오래 그 자리에 있도록 도와줍니다.

어떠한 인생살이에서도 공짜란 것은 없습니다. 투자한 만큼 얻게 되어 있고 노력한 만큼 받게 되어 있지요. 그것이 진리입니다. 그런 점에서 불로소득은 나쁜 것이고 하나의 악덕입니다. 요즘 세습이란 말을 자주 듣습니다. 부모가 가진 것을 자식에게 물려주는 걸 말합니다. 이건 애당초 자신을 위해서도, 사회를 위해서도 하지 말아야 할 일입니다. 그런데 사람들은 그걸 부러워하고 그런 일을 하고 싶어 하는 데에 문제가 따릅니다.

세습은 불로소득보다 나쁜 것입니다. 부모의 좋은 조건이나 환경을 이용하여 남들보다 좀 더 편하게 공부하고 부유하게 살 수는 있습니다. 그러나 신분이나 계층을 세습하고, 부를 세습하고, 교육을 세습하고, 권력까지 세습하는 건 아주 나쁜 일입니다. 이것은 자

마이너 없이 메이저 없다

기 자식에게 마땅히 있어야 할 마이너의 경험을 박탈하는 것과 같습니다. 이런 사람들은 한번 어려움을 당하면 쉽게 무너지고 일어서지를 못합니다.

우리는 조금은 원대한 안목으로 세상을 보고 인생을 보아야 합니다. 현재는 불리한 것 같지만 먼 미래를 보고 생각할 때는 그것이 훨씬 도움이 되고 이득이 되는 경우가 많습니다. 마이너의 경험을 너무 피하지 않도록 합시다. 인생 앞에서 미리부터 겁을 집어먹지 맙시다. 용기를 가지고 씩씩하게 살다 보면 오늘의 어려움이 내일의 좋은 일로 꽃필 수도 있다는 걸 잊지 맙시다.

조선 시대의 일이긴 하지만 남자의 세 가지 불행이란 것이 있습니다. 요즘 방식으로 바꾸면 인간의 세 가지 불행이 되겠습니다. 첫째는 소년少年 고등과高登科. 둘째는 부모 음덕蔭德으로 음직蔭職을 하는 것. 셋째는 말도 잘하는데 글도 잘 쓰는 것. 이 모두는 칭찬받을 일이고 선망의 대상이고 또 좋은 일들입니다.

그런데 이런 일들을 불행이라고 말했습니다. 왜 그럴까요? 첫째 어린 나이에 과거 시험에 일등으로 합격하는 건 좋은 일이지만 그것이 그 사람에게 평생 굴레가 되고 또 그 사람을 교만하게 만드는 요인이 된다는 것입니다. 둘째는 더욱 심각합니다. 부모의 공로로(음덕으로) 벼슬을 하면(음직) 어떻게 될까요? 실력 없는 사람이 높은 자리에 앉았으니 자기도 고생이고 아랫사람들도 고생이 되겠지요. 세 번째의 지적은 참 놀랍습니다. 말 잘하고 글도 잘 쓰는 건 개인적인 자랑입니다. 그렇지만 그것이 그 사람을 불행하게 만드는 빌미가 될 수도 있다는 하나의 경고 사항입니다.

'젊어서 고생은 사서도 한다.' 어린 시절 어른들로부터 자주 들었던 말입니다. 물론 나도 공감이 가지 않았지요. '실패는 성공의 어머니'란 말은 조금 자라서 들은 말입니다. 이 말 또한 피부에 와 닿지 않았습니다. 그러나 나이가 들고 늙은 사람이 되어 뒤를 돌아보니, 그 대목에서 내가 어려움을 당하고 실패를 하기도 한 일들이 나중에 약이 되어서 나를 좋은 쪽으로 이끌었다는 생각을 하게 됩니다.

요즘의 하루하루가 힘들지요? 그렇지만 한 발자국씩 앞으로 나아가며 노력하다 보면 분명 좋은 날이 올 거예요. 꿈꾸고 바라는 자기 자신을 만나는 날이 꼭 올 거예요. 힘들더라도 참고 그 길을 가주기 바라요. 비록 동행하지는 못하지만 멀리서 빌면서 응원할게요.

어떤 분야에서 진정으로 성공한 사람, 명예를 얻은 사람을 보면 그에게 눈물겨운 마이너의 시절이 있었음을 봅니다. 여러분이 지금 보내는 시간들이 바로 그 마이너의 시기이고 시련의 시기라고 생각합니다.

마이너 없이 메이저 없다

인생 삼여

이런 주제는 좀 낯설기도 하고 피부에 와닿지 않을 거예요. 노인의 주제이지요. 그래도 한번 들어봐 주세요. 알다시피 우리 민족은 예부터 농경 민족이었고, 유교 사회를 형성했고, 또 대가족 중심의 가정을 이루고 살았지요. 그래서 이런 말이 생겨났을 겁니다.

'인생 삼여三餘'. '독서 삼여'. 우선 인생 삼여부터 이야기해 보지요. 우리네 인생에는 세 가지 여유 있는 시간이 있다는 겁니다. 여유 있는 시간, 즉 남는 시간이고 자기 마음대로 사용할 수 있는 시간을 말하지요.

우리나라 옛사람들은 농업을 생계 수단으로 하면서 살았다 했지요. 또 유교를 정신적 지침으로 삼고 살았다 했고요. 그런 바탕에서 이해하면 됩니다. 하루 가운데 저녁 시간. 일 년 가운데 겨울철. 일생 가운데 노년. 그 세 가지 시간에 인생의 여유가 있다는 이야기입니다. 또 그렇게 살아야 한다는 권고이기도 하고요.

종일 들에서 일하고 집으로 돌아왔어요. 저녁에 가족들과 식사를 하고 나면 시간이 남아요. 그 시간은 가족과 함께하는 시간이기도 하고 자기 자신을 위해서 사용하는 시간이기도 해요. 그야말로 저녁이 있는 인생이지요.

그건 지금도 마찬가지라고 생각해요. 직장에서 집으로 돌아왔을 때 내 시간이 생기는데 그 시간을 어떻게 써먹을 것인가, 그것은 오직 나 자신의 문제이고 나 자신의 선택에 따라 달라지는 일이지요. 나는 이러한 시간을 자기 자신을 위해서 투자하기를 권해요.

그다음은 일 년 가운데 겨울철이 여유로운 시간이란 거예요. 오늘날은 안 그렇지만 옛날 농사짓던 사람들에게는 일 년 가운데 겨울철이 일에서 풀려나는 계절이지요. 그렇기 때문에 이 겨울철에 여유 있는 일을 하자는 말이에요. 역시 자기 자신을 위해서 살자는 말입니다.

비록 나는 농사꾼은 아니지만 젊은 시절 학교 선생으로 일했는데 일 년에 두 번 오는 방학을 이용하여 내가 평소 해보고 싶었던 일들을 하려고 노력하며 살았어요. 여행도 좋고 독서도 좋고 글쓰

마이너 없이 메이저 없다

기도 좋았어요. 그래서 내가 조금씩 달라지는 사람이 되었지요.

마지막으로 일생 가운데 여유 있는 시간은 노년이라는 거예요. 노년. 늙은 사람의 인생. 늙은 사람이니 아무렇게나 살아도 좋다는 말은 나쁜 말입니다. 늙은 사람의 인생도 귀중한 인생입니다. 헛되게 살지 말아야 합니다. 그래서 나는 '노년은 공짜가 아니다'라는 말을 합니다. 이 말은 '청년의 시간은 공짜가 아니다'라고 바꾸어 말해도 좋을 것입니다.

어떤 사람의 인생이든 열심히 최선을 다해 아끼면서 살아야 합니다. 그것이 인생과 시간의 지상 명령입니다. 여기에 더하여 '독서 삼여'에 대해서 말해보지요. 우리의 인생에는 책 읽기 좋은 세 가지 여유 시간이 있다는 말입니다.

첫째, 하루 중 저녁 시간. 둘째, 날씨로 보아서 비 오는 날. 셋째, 일 년 가운데 겨울철. 인생 삼여와 겹치는 부분이 있고 다른 부분도 있네요. 어찌 되었든 시간을 잘 활용하여 자기 자신을 위해서 써먹는 사람이 나중에는 진정으로 성공한 사람이 되고 또 행복한 사람이 된다는 것은 확실한 일입니다.

젊은이들에게 하는 부탁

오늘도 멀리 문학 강연 갔다가 돌아왔어요. 이미 밤이 늦었는데도 컴퓨터 앞에 마주 앉았어요. 분명히 피곤하지요. 자가용이 없는 사람이니까 대중교통 수단으로만 오가는 길이기 때문에 더욱 피곤하고 힘들어요. 그렇지만 이상하게도 중·고등학교 학생들을 만나고 오는 날 밤은 이렇게 몸은 피곤하지만 마음이 한껏 가볍고 좋아요.

이게 무슨 조화일까요? 이것은 오로지 아이들한테서 받은 에너지 덕분이에요. 이야기하면서 계속 아이들로부터 에너지를 받거든요. 참 그건 신기한 일이에요. 학교를 찾아갈 때까지만 해도 피곤하고 힘들었는데 막상 강연장에 들어서면 기분이 업되면서 좋아지는

마이너 없이 메이저 없다

거예요.

아이들의 환호 소리, 박수 소리, 웃음소리, 눈빛에서 대번에 좋은 느낌을 받지요. 그러니 나도 아이들에게 좋은 표정을 보이고 좋은 몸짓과 함께 좋은 말을 하게 돼요. 분명 나도 모르게 웃는 얼굴이었을 거예요. 그러면 아이들이 더 좋아라 환호를 해요. 이렇게 쌍방이 좋아하는 마음과 느낌을 갖는 것은 매우 좋은 일이고 중요한 일이에요.

더러 어른들은 요즘 아이들을 '신인류'라고 말하면서 이해할 수 없다고 그래요. 그러나 그것은 아이들의 입장에 서보지 않아서 그래요. 어른들 자신의 생각과 판단 기준으로만 아이들을 보아서 그래요. 아이들 눈과 아이들 입장으로 보면 얼마든지 알 수 있는 일이고 그들의 행동이나 말이 충분히 이해가 가는 일이지요.

무엇보다도 요즘 아이들의 특징은 정직하다는 점이에요. 거짓말이나 속임수가 통하지 않지요. 옳고 그름을 따지기 이전에 솔직하게 말하는 쪽을 좋아해요. 솔직하기만 하면 잘 넘어가 줘요. 아이들이 원하는 것은 진실이고 진정이에요. 그 두 가지면 무사통과해요. 꼼수는 안 돼요. 어른인 척 꼰대 짓도 안 통해요. 생각해 보면 이 얼마나 아름다운 장점인지요. 우리가 어렸을 때, 청년이었을 때는 거짓말을 많이 하며 살았어요. 거짓말을 하는 것이 일상이었지요.

그 시절엔 거짓말하는 것이 살아남는 방법이었어요. 그렇지만 요즘 아이들은 안 그래요. 솔직담백하고 단순하기까지 하지요. 이것은 마치 시궁창에서 예쁜 꽃이 피어난 격이에요. 연꽃처럼 말이에요. 부모 세대들은 어렵게 살았지만, 아이들 세대는 그 어렵게 산 부모들 덕분에 그런대로 유복하게 구김살 없이 산 까닭이지요. 이 얼마나 고마운 일이며 하나의 축복인지요.

요즘 아이들은 자기표현에 당당함이 있어요. 머뭇거리지 않아요. 그렇지만 아쉬운 점이 없는 것은 아니에요. 타인에 대한 배려가 부족한 편이에요. 이런 점은 일러주고 고쳐주어야 할 점이라고 생각해요. 세상살이는 그 어떤 경우에도 혼자서만 가능한 것이 아니거든요. 어디까지나 함께 가는 길이 인생이거든요. 오죽하면 이런 속담이 다 있을까요. '빨리 가려면 혼자 가고, 멀리 가려면 함께 가라.'

이런 점에서 옛날 어른들의 이야기이긴 하지만 젊은이들에게 부탁하는 말씀을 소개해 보고 싶어요. 첫 번째는 다산 정약용 선생의 충고예요. 다산 선생은 그랬어요. 차를 마시는 백성은 흥한다(차를 즐겨 마셔라). 동트기 전에 일어나라(부지런해라). 기록하기를 즐겨 해라(메모하는 습관을 가져라). 이 세 가지가 다산 선생이 젊은 세대들에게 하는 부탁이에요.

어때요? 요즘 시각으로는 좀 거리가 있지요. 그렇지만 곰곰이 생각해 보면 오늘날의 삶에도 배울 점이 충분히 있을 거예요. 첫 번

마이너 없이 메이저 없다

째, 차는 녹차를 말해요. 녹차를 마시면 육체와 정신 모두 건강에 도움이 된다는 말씀이에요. 두 번째는 근면을 말하고요. 세 번째는 기록하는 습성이에요. 기록하는 습성, 메모하는 능력 없이 좋은 연구자나 저술가가 되기는 어려워요. 일상생활을 보다 충실하게 하는 데도 기록하는 습성은 매우 중요하지요.

다산 선생은 한자로 표기된 저술을 많이 하기로도 이름난 분인데 당신의 기록하는 습관 덕을 많이 보았을 것으로 여겨져요. 나만해도 이 말을 들은 뒤로부터는 무엇이든 기록하고 무엇이든지 보관한다는 자세로 살아요. 그 덕분에 많은 책을 써낼 수가 있었지요. 베스트셀러 작가의 특성 가운데 하나는 메모를 잘하는 사람이라는 것이에요.

그다음 소개할 내용은 김태길 교수의 말씀이에요. 김태길 교수는 우리나라의 현대 철학자 가운데 한 분인데 서울대학교에서 교수로 정년의 나이까지 학생들을 가르치신 분이에요. 이분이 대학에서 정년 퇴임을 할 때 고별 강연에서 하신 말씀을 내가 기억하고 있어요. 아마도 그것은 1985년, 내 나이 40세 때의 일이었지 싶어요.

첫째, 한 분야의 달인이 되라. 둘째, 경쟁 상대를 국내에서 찾지 마라. 셋째, 사익보다는 공익에 힘써라. 이 말씀 또한 금방은 피부에 와닿지 않는 말들이에요. 하지만 잘 살피면 그 안에 금싸라기 같은 교훈이 들어 있겠지 싶어요.

한 분야의 달인이 된다는 것은 개인의 성취(성공)와 연결되는 문제로 무엇보다 중요한 일이에요. 달인. 그것은 어떤 일에 끝내주는 사람이에요. 터미네이터. 일의 종결자. 그렇게만 되면 그는 가장 중요한 사람이 되고 가장 유능한 사람이 될 거예요. 대체 불가능한 사람, 즉 성공한 사람이 되지요. 한국 사람들에게 행복감을 주는 인물로 이야기되는 몇몇 사람들이 있어요. 축구 선수 손흥민, 피겨스케이트 선수 김연아, 축구 감독 박항서, 외과 의사 이국종, 요리 연구가 백종원 같은 이름들인데 이분들이 바로 진정한 달인이에요.

경쟁 상대를 국내에서 찾지 말고 외국에서 찾아라, 하는 말씀은 그 시절로 봐선 좀 엉뚱한 말씀이에요. 글로벌이란 말이 아직은 낯설던 시절이었거든요. 그렇지만 석학의 생각은 달랐어요. 이미 멀리 나가 있었던 것이지요. 가까운 곳에서 경쟁 상대를 찾으면 그 인생이 불행해집니다. 특히 집안에서 경쟁 상대를 찾으면 안 됩니다. 모름지기 호연지기를 가질 일이에요. 미국의 교육자 윌리엄 스미스 클라크 박사의 '소년들이여, 야망을 가져라Boys, be ambitious'라는 말도 새겨볼 일이에요.

사익보다는 공익에 힘쓰라는 말은 참 쉬운 말 같지만 어려운 말이에요. 일단 인간은 사익에 눈이 어둡게 되어 있어요. 그렇지만 나의 이익인 사익이 진정으로 보장되기 위해서는 공익이 잘 보존되어야만 해요. 서양식으로 보면 시민 정신을 말해요. 바로 이것입니다.

나는 너다, 나와 네가 다르지 않다, 그렇게 생각할 때 공익은 그냥 공익이 아니고 사익이 되고 나의 문제가 되는 겁니다. 이걸 우리는 잊지 말아야 한다고 봅니다.

유난히 글이 길어졌군요. 이 모두가 나이 먹은 사람의 노파심에서 나온 부탁이에요. 나처럼 나이 든 사람은 점차 지상에서 사라지는 사람이 될 거예요. 말할 것도 없이 내일의 주인공은 오늘의 젊은 세대들이지요. 중학교 다니고 고등학교 다니는 사람들이 다음 세상의 어른들이에요. 그 사람들의 세상을 축하하고, 그 사람들의 세상이 좋아지기를 빌어야 하지요. 그래요. 좋은 세상 부디 잘 살기를 부탁합니다. 이것이 내가 젊은이들에게 하는 가장 중요하고 소중한 말입니다.

세 가지의 삶

사람은 누구나 좋은 삶을 살기를 원합니다. 고통이 없기를 바라고, 실패가 없기를 바라고, 끝내 행복하기를 원합니다. 이러한 삶을 들여다보면 대략 세 가지의 삶의 형태가 있어요.

첫 번째 삶은 잘 사는 삶입니다. 보통 사람들이 살기를 원하는 삶입니다. 옛날 사람들이 말했던 오복에 해당하는 삶입니다. 수壽(오래 사는 삶), 부富(부유하고 풍족한 삶), 강녕康寧(건강이 있는 삶), 유호덕攸好德(존경을 받는 삶), 고종명考終命(자기 목숨대로 사는 삶). 이 다섯 가지의 복이 갖추어진 삶을 가장 행복한 삶이라고 했어요.

그렇지만 오늘날에 와서는 다만 돈과 물질이 많은 삶을 잘 사는

마이너 없이 메이저 없다

삶이라고 생각하는 사람들이 많아요. 그래서 어떻게 하든지 많은 돈을 손에 넣으려 하고 물질을 차지하려고 해요. '모로 가도 서울만 가면 된다'는 식으로 편법이나 탈법도 서슴지 않고 더 많은 돈과 물질을 자기 것으로 하려고 합니다.

그러나 이러한 삶은 그 방법이 옳지 못할 때 끝내는 타인들에게 들통이 나고 사회적으로 지탄을 받게 됩니다. 쉽게 무너질 수 있어요. 당분간은 유지된다 해도 영원히는 아닙니다. 그것이 세상의 진리입니다. 어떻게 보면 불완전한 삶이라고 하겠습니다.

두 번째 삶은 아름다운 삶입니다. 아름다움이란 매우 가변적인 가치입니다. 사람에 따라 다르고 시대나 계층에 따라 다른 것이 아름다움의 가치이고 또 척도입니다. 또 아름다움이란 저 혼자만 홀로 서는 것이 아닙니다. 어디까지나 타인의 인정 속에서 아름다움은 성립하지요.

여기 아주 예쁜 미인이 있다고 해요. 아주 잘 치장하고서 사람들을 만났어요. 그런데 그 미인에 관한 소문이나 평판이 나쁘게 나 있어서 아무도 거들떠보는 사람이 없었다 해요. 그러면 그 아름다움은 인정되지 않은 아름다움이고 성립되지 않는 아름다움이에요. 무용지물이 되는 것이지요.

아름다움은 독단이 아닙니다. 어디까지나 그것은 타인의 평가 속에서만 가능한 가치입니다. 타인과 더불어 존재하는 아름다움이 중요합니다. 가장 좋은 아름다움은 보편성을 보장받은 아름다움입니다. 보편성. 특수한 가치나 현상이 아니라 일반적인 가치나 현상을 말합니다. 나만 그런 것이 아니라 다른 사람들도 선뜻 그렇다고 인정하는 그 무엇을 말합니다.

세 번째 삶은 행복한 삶입니다. 결론부터 말하면 앞에서 말한 두 가지의 삶인 잘 사는 삶이나 아름다운 삶보다도 더 좋은 삶입니다. 행복은 어디까지나 객관이 아니라 주관입니다. 남들이 볼 때 아무리 잘 사는 것 같고 아름다운 것 같아도 본인이 그것을 탐탁하게 생각지 않는다면 그의 삶은 이미 행복한 삶이 아닙니다.

우리는 그동안 바쁘게 서둘러서 살다 보니 바로 이 행복한 삶을 놓쳐버렸습니다. 매우 답답한 일이고 안타까운 노릇이지요. 다시금 찾아야 할 삶이 바로 이 행복한 삶입니다. 행복은 우선 작은 것을 사랑하고 작은 것에 만족하는 마음에서부터 출발합니다. 만족하는 마음이 중요한데 이 만족하는 마음을 위해서는 먼저 감사하는 마음이 선행되어야 합니다.

도대체 무엇에 만족해야 할까요? 무엇에 감사해야 할까요? 이미 내게 있는 것들에 대해서, 내 주변에 있는 흔한 것들, 작은 것들, 심지어는 버려진 것들에 대해서 만족하고 감사하는 마음을 가져야 합니다. 그렇지 않고서는 절대로 행복의 마음에 들어갈 수 없습니다. 우리가 불행하다 하는 것은 타인을 많이 바라보아서 그런 것이

마이너 없이 메이저 없다

고 타인과 자기를 지나치게 비교해서 그런 것입니다.

　타인과 나를 비교하지 맙시다. 나의 것을 더 많이 아끼고 사랑합시다. 자기를 칭찬하고, 자기를 위로하고, 자기에게 용기를 줍시다. 오늘은 그렇지만 내일은 분명 더 좋은 날이 될 것이라고 믿어봅시다. 그러면 힘든 날, 지친 날일지라도 조금씩 행복해지는 마음이 될 것입니다. 행복한 삶이야말로 우리가 가장 원하고 꿈꾸는 좋은 삶입니다.

달라진 담론

나는 평생을 학교 선생만 했고 시를 쓰며 살아온 사람이라서 세상 물정을 잘 모르는 사람입니다. 그렇지만 풀꽃문학관을 찾아오는 사람들과 문학 강연을 하러 가서 만나는 사람들을 통해서 세상을 읽고 새롭게 배웁니다. 말하자면 간접적으로 세상을 체험하는 것이고 또 판단하는 것이지요.

사람들은 나를 만나면 그래요. 사는 일이 힘들고 지쳤다고. 누군가로부터 위로받고 싶다고. 그러면서 나의 시를 읽으며 위로를 받았다고 말해요. 이건 참 놀라운 변화입니다. 나로선 좋은 일이고 고마운 일이지만 세상으로서는 또 그 사람들로서는 안쓰러운 일이고

마이너 없이 메이저 없다

매우 답답한 일입니다.

이제 사람들이 관심하는 것은 커다란 문제, 그럴듯한 주제가 아니에요. 작고 사소한 주제에 목을 맵니다. 그러니까 그동안 우리가 열중해 왔던 이념 논의라든가 사회 정의라든가 사회 변혁과 같은 큰 주제가 아니라 개인적인 것들이에요. 개인의 안정된 생활, 성취, 행복과 같은 것들이 그들의 관심사예요. 모르면 몰라도 이것은 2016년 광화문 촛불집회 이후에 생긴 변화라고 여겨집니다.

이제 사람들이 관심하고 중요시하는 것은 커다란 문제, 먼 문제, 하늘 위에 떠 있는 문제, 추상적인 문제가 아니에요. 보다 가깝고 작고 생활 주변적이고 개인적인 문제, 인간적인 문제예요. 담론이 달라진 것이지요. 담론이란 말은 좀 어려운 말이긴 하지만 '이야기 주제나 관심 영역'쯤으로 그 의미를 한정해서 말할 때, 바로 그 이야기 주제나 관심 영역이 달라졌다는 것이지요.

지금까지 우리나라 사람들은 커다란 담론 아래 살았습니다. 거대 담론이고 상층 담론입니다. 그것은 마치 폭우가 내린 뒤의 홍수처럼 우리들의 삶 전체를 휩쓸고 지나갔습니다. 누구도 그 담론에 항거할 수 없었으며 그러한 담론의 선봉에 선 사람들은 무조건 존경을 받았고 지도자로서 힘을 가졌습니다.

자, 그럼 우리의 근대 이후의 역사만 잠시 볼까요. 1910년 일본이 우리나라의 주권을 침탈해 갔습니다. 그 이후론 민족자존과 국가 독립이 유일한 담론이었습니다. 1945년 드디어 광복이 이루어진 뒤에는 국가 건설이 지상 목표였고, 1950년 6·25 전쟁을 겪고 난 뒤에는 국가 재건이 시급했으며, 4·19는 민주화, 5·16 이후엔 산업화로 숨 가쁘게 담론이 바뀌어왔지요. 그것은 그 이후도 마찬가지입니다.

10월 유신과 10·26 사건을 전후해서는 민주화 운동의 열기가 거세졌으며, 5·18 광주 민주화 운동을 거치면서 이 땅의 민주화가 거의 완성되었다고 보아집니다. 그 이후로는 인권과 평화와 통일이 거대 담론으로 대두하게 되었지요. 여기서 말하기 좀 버거운 말이긴 하지만 최근 일어난 미투 운동이란 것도 인권이 신장되어서 일어난 사회적 사건이라고 봅니다. 그만큼 우리 사회가 좋아진 것이고 진화된 것입니다.

이제 사람들은 거대 담론이나 상층 담론에 마음을 두지 않습니다. 오히려 그들의 관심 사항은 자기 자신에 관한 것입니다. 큰 문제가 아니고 작은 문제입니다. 멀리 있는 문제가 아니고 가까이 있는 문제들입니다. 생활의 문제입니다. 이런 맥락에서 일본발 소확행이란 것도 유행하게 된 것입니다. 얼핏 사람들은 깨달았을 것입니다. 아, 내가 너무 바깥 풍경만 보며 살았구나! 나 자신은 살피지 않고 다른 사람들만 살피면서 살았구나!

그래서 외로운 것이고, 그래서 소외감이 가중되는 것이고, 그래

마이너 없이 메이저 없다

서 지치는 것이고 우울한 것이고 또 불행감이 생기는 것입니다. 이제 사람들은 알기 시작했습니다. 타인을 살지 말고 나 자신을 살자. 나의 삶이 소중하다. 나의 가치를 찾자. 참 이것은 다행스럽고도 고마운 변화입니다. 이제 우리는 조금씩 좋아질 것입니다. 희망의 끈을 잡았으니 그 끈을 잡고 천천히 앞으로 나아가기만 하면 됩니다. 이 또한 감사한 일입니다.

명예와 명성

우리 인간들이 꿈꾸는 것, 갖고 싶어 하는 것은 여러 가지가 있어요. 흔히 사람들은 말해요. 인간이 갖고 싶어 하는 것은 돈과 물질과 사회적 권력이라고. 거기에 보탠다면 사랑하는 이성이라고. 또 불교에서는 인간의 욕망으로 식욕, 수면욕, 색욕, 재물욕, 명예욕 등 다섯 가지를 말해요. 그리고 기독교에서는 육신의 정욕, 안목의 정욕, 이생의 자랑 등 세 가지를 꼽아요.

다른 것들은 묻어두고 나는 여기서 명예에 대한 것만 말하고 싶어요. 나 자신도 가장 강하게 붙잡힌 것이 명예거든요. 글을 쓰고 책을 내고 사람들과 만나 문학 강연을 하고 그러는 모든 것들이 나

마이너 없이 메이저 없다

의 명예와 관계가 있고 나 자신의 명예를 소중하게 생각하기 때문에 그러는 것이거든요.

나는 가끔 이런 말을 해요. 시인이나 작가, 예술가들은 자기 과시욕 환자들이라고. 어떻게 하든지 자기를 타인에게 알리고 싶어 하지요. 수줍은 척하면서 타인들이 자기를 보아주기를 바라지요. 그들이 보여주고 싶어 하는 것은 자신의 외면이 아니라 내면입니다. 여기에 더하여 나는 또 말하지요. 나와 같은 시인들은 피관음증 증상이 있는 사람들이라고.

관음증은 남의 은밀한 부분을 들여다보는 증상을 말합니다. 그렇지만 피관음증은 자신의 깊은 부분, 숨겨진 부분, 때로는 부끄러운 부분까지 다른 사람들이 들여다보기를 바라는 증상을 말합니다. 나 좀 보아주세요, 그렇게 은근히 요구하고 소망하는 사람들이 시인들이라는 말입니다.

내 경험인데 그 어떠한 욕망보다도 강한 욕망이 명예욕입니다. 자기의 이름이나 자취를 세상에 알리고 싶은 마음, 또 남기고 싶은 마음. 그것도 좋은 쪽으로 남기고 싶은 욕망이 명예욕입니다. 일단 이 욕망의 그물에 걸리게 되면 빠져나올 수가 없어요. 일생 동안 그 그물 안에서 허우적거리며 살아야 합니다. 그렇게 명예욕이 무섭습니다.

가끔 젊은 연예인이나 예술가들이 잘못된 일로 추락하는 소식을 듣습니다. 안타까운 일이지요. 명예란 것은 그렇게 허무한 것이고 부질없는 것입니다. 특히 젊은이들의 명예란 것은 더욱 믿을 것이 못 됩니다. 모래 위에 지은 집 같을 때가 있지요. 그것은 그들이 명예가 무엇인가 진정으로 알지 못하고 다만 명성만 지녔기 때문이에요.

사전에게 물어보지요. '명예: 세상에서 훌륭하다고 인정되는 이름이나 자랑. 또는 그런 존엄이나 품위.' '명성: 세상에 널리 퍼져 평판 높은 이름.' 얼핏 그 내용이 비슷해 보입니다. 그렇지만 명예와 명성은 조금 다릅니다. 명예는 그 자체가 내면적인 것이고, 명성은 밖으로 드러난 소문이나 외형적인 모습입니다.

자칫 사람들은 명예보다는 명성에 눈이 멀게 되어 있습니다. 그렇지만 우선해야 하는 것은 명예입니다. 비유하자면 사계절을 견디면서 나무에 생긴 나이테처럼 견고한 무늬가 바로 명예입니다. 진정으로 명예를 아는 명예로운 사람은 자신의 명예를 지킬 줄 압니다. 저절로 겸손한 마음, 부드러운 마음, 선한 마음을 가질 것이며 이미 얻은 명예를 잃지 않기 위해 부단히 노력할 것입니다.

바로 이것입니다. 젊은이들의 명예가 때로는 허무하게 무너지는 것은 그들이 자신의 명예를 지키려고 노력하지 않은 탓입니다. 더 많은 것을 가지려고 팔을 길게 뻗은 탓이고, 과다한 욕심을 부린 탓이고, 거짓되게 행동한 탓입니다.

마이너 없이 메이저 없다

나도 젊은 나이, 34세 때 뜻하지 않게 큰 문학상을 받은 일이 있습니다. 그때 내가 한 말이 기억납니다. "나는 이제 누구한테도 절하지 않겠다." 이 얼마나 무서운 말인지요. 교만의 극치였지요. 그런 교만과 어리석음이 나로 하여금 10년 이상 슬럼프에 빠지게 했습니다. 자신의 실수를 깨닫고 거기서부터 다시 시작하여 새로운 길을 여는 것은 지극히 어려운 과정이었습니다.

진정한 명예는 늙은 사람의 것입니다. 더 이상 이룰 것도 잃을 것도 없는 사람의 것입니다. 상당히 올드한 것이지요. 그렇지 않고서는 올곧게 명예가 명예로울 수 없습니다. 그러므로 젊은 나이에 유명해지고 명성을 얻는 것은 매우 부담스러운 일입니다. 마땅히 자기의 명성이 명예가 될 수 있도록 마음을 가다듬고 조심해야 할 일입니다.

수신제가 치국평천하

'수신제가修身齊家 치국평천하治國平天下'. 이 말은 아주 오래된 말로 중국의 유학 고전인 《대학大學》이란 책에 나오는 말입니다. 듣기에 고리타분하고 낡은 느낌이 들어 오늘날 우리들의 삶과는 거리가 먼 것처럼 여겨질지 모릅니다.

그렇지만 글의 내용을 이해하면서 우리들의 인생과 비교해 보면 여전히 이 문장은 유효한 교훈이라는 것을 알게 될 것입니다. 오늘날 세상을 떠들썩하게 하는 사건들 가운데는 이와 같은 오래된 교훈이 잘 지켜지지 않아서 생기는 경우가 더러 있습니다. 말하자면 기초가 부실해서 상층부가 무너지는 경우이지요.

마이너 없이 메이저 없다

위 문장의 뜻을 살피면 이렇습니다. '자신의 몸을 깨끗이 하고 집안일들을 가지런히 한 뒤에 세상에 나가 나라를 다스리고 세상 전체를 평화롭게 만든다.' 사람이 세상을 살면서 마땅히 해야 할 도리를 밝혀놓은 내용입니다. 일종의 점층법적 접근이지요. 수신 → 제가 → 치국 → 평천하, 이 순서로 발전해 나간다는 것이지요.

그런데 이것을 거꾸로 사는 사람들이 있습니다. 말하자면 '수신'이나 '제가'는 하지 않고 '치국'부터 하고 '평천하'부터 하려고 대드는 경우입니다. 일단은 그렇게 해도 어느 정도는 그 꿈이 이루어질 수 있습니다. 그러나 끝까지 그렇지 않다는 데에 문제가 있습니다.

어느 단계에 이르면 그의 행보는 걸림돌에 걸리고 더 심할 때는 넘어지게 되어 있지요. 바로 '수신'과 '제가'를 제대로 하지 않은 탓입니다. 특히 사회적으로 이름 있는 사람, 지위가 높은 사람, 학식이 깊은 사람들에게 이런 허점이 발견되면 그의 인생 전반이 재검토되고 나아가서는 이제까지의 모든 노력들이 물거품으로 돌아가기도 하지요.

허무한 일이지요. 야속한 일이지요. 그래도 어쩔 수 없습니다. 그가 살아온 인생이 그의 앞으로의 인생을 지배하고 방해하는 케이스입니다. 그럼 우리는 어떻게 살아야 할까요? 대답은 간단합니다. 자기 자신을 잘 살피면서 살아야 합니다. 가는 길 속도가 느리고 성과가 적다 해도 정도를 생각하며 살아야 할 일입니다.

앞으로의 삶

나는 사회학자도 아니고 미래학자도 아니므로 앞으로의 삶에 대해 정확하면서도 해박한 정보를 갖지 못한 사람입니다. 다만 시를 쓰는 사람으로서 상식적으로 우리 앞날의 세상에 대해 생각해 볼까 합니다. 물론 내가 살 세상이 아닙니다. 이 책을 읽는 젊은이들이 살 세상입니다.

공주에는 구시가지에 두 개의 은행이 있습니다. 나는 그 두 은행을 오가면서 은행 일을 봅니다. 그런데 날이 갈수록 은행의 창구 직원이 줄어들고 단말기 수가 줄어드는 걸 봅니다. 사람이 해야 할 일을 기계가 대신해 준다는 증거입니다.

사람이 해야 할 일을 기계가 해준다면 그것은 좋은 일입니다. 살기가 점점 편리해질 것이고 힘이 덜 들어서 여유 시간이 많아질 것입니다. 그 시간을 자기 발전이나 취미 활동을 위해서 쓴다면 좋을 것입니다. 그러나 반대로 일터가 줄어드는 것이 문제입니다.

아마도 이러한 경향이나 추세는 앞으로 더욱 가속화될 것입니다. 이러한 세상을 사람들은 제4차 산업혁명 시대라고 부릅니다. 아직은 그런 세상을 안 살아봐서 모르겠지만 분명 새로운 개념의 세상이 오는 것만은 확실합니다.

지난 2016년 3월, 우리나라의 바둑 기사 이세돌 9단이 인공지능을 가진 알파고란 기계와 대국하여 3대 1로 패한 일이 있습니다. 그때 이세돌 9단은 이런 말을 남겼습니다. "이번에 알파고와 바둑을 두어 패한 것은 인간 이세돌이 패한 것이지 인류가 패한 것은 아니다." 참으로 대견스러운 발언입니다. 결국은 알파고란 기계도 사람이 만든 것이기 때문입니다.

그럼, 앞으로 다가올 제4차 산업혁명 시대를 맞아 우리는 어떻게 살아야 할 것인가. 무엇을 준비하면서 살아야 할 것인가. 내 생각으로는 그렇습니다. 아무리 기계가 좋아지고 기계가 인간을 대신하는 세상이 온다 해도 인간이 가진 또 하나의 능력인 정서적인 면은 대신해 줄 수 없을 것이라고 봅니다. 기계가 커버하는 분야는 지능 분야이기 때문에 그렇습니다.

그러므로 상상의 문제, 창의적인 문제는 기계가 하기가 어렵습니다. 바로 이 점에 우리가 주목해야 합니다. 그런 점에서 우리는 미리 인간의 감성을 개발하고 조정하고 또 그것을 인간 생활에 도움을 주는 프로그램으로 바꾸려는 연구와 준비가 있어야 한다고 봅니다.

사람이 물질만으로는 살 수 없다는 것을 우리는 잘 압니다. 정신적인 면, 정서적인 면의 도움 없이 인간은 제대로 잘 살았다고 말하기 어렵습니다. 그래서 사람들은 우울해하고 불행감을 느끼고 끝내는 절망에 이르는 것입니다. 이러할 때 시를 가까이하면서 마음을 다스리는 것 또한 하나의 방편이 아닌가 싶습니다.

마이너 없이 메이저 없다

4장.

시의
징검다리

풀꽃

자세히 보아야
예쁘다

오래 보아야
사랑스럽다

너도 그렇다.

마이너 없이 메이저 없다

○　　　　　　　　　글자 수로 따져서 스물네 자밖에 되
지 않는 짧은 글입니다. 그러나 이 글은 한국말을 아는 사람이라면
거의 모르는 사람이 없을 정도로 많이 알려진 시입니다. 독자들은
이 시가 나의 대표작이라고 서슴없이 말하고 또 나를 '풀꽃 시인'이
란 이름으로 불러줍니다.

　오늘날 내가 독자들로부터 어느 정도 지지를 받는 시인이라면
오로지 그것은 이 작품 한 편이 베풀어준 은택입니다. 놀라운 일이
고 감사한 일이지요. 한 편의 시 작품이 이렇게 힘이 셉니다.

　언뜻 이 작품은 밋밋한 것 같지만 그 나름 짜임을 지니고 있습
니다. 세 개의 문장으로 구성된 이 시 가운데 앞의 두 개 문장은 풀
꽃에 관한 것입니다. 풀꽃처럼 하찮은 사물도 자세히 보고 오래 보
면 예쁘고 사랑스럽다는 하나의 각성이 들어 있습니다.

　어쩌면 여기까지는 인간의 언어입니다. 그 뒤에 따르는 세 번째
문장 '너도 그렇다'가 핵심입니다. 신이 주신 문장입니다. 반전이 있
는 문장입니다. 이 문장에서 풀꽃은 인간으로 바뀌고 '너'라는 말과
함께 풀꽃의 의미는 무한 복제되고 확대됩니다.

실은 나도 모르고 쓴 문장입니다. 그런데 이러한 문장이 많은 사람들에게 위로를 주고 자긍심을 심어주었다고 그럽니다. 시에서는 개성과 더불어 보편성이 중요한 것인데 바로 이 부분이 보편성을 획득한 것입니다.

아이들도 압니다. 〈풀꽃〉 시에서 가장 감동을 주는 문장이 어떤 것이냐고 물으면 대번에 '너도 그렇다'라고 답해 옵니다. 물론 서로 미리 상의한 일이 아니지요. 이런 데서도 나는 느낍니다. 인간에게는 영혼이 있어서 시의 문장은 그 영혼의 길을 따라 설명 없이, 연결 고리 없이 전달된다고.

마이너 없이 메이저 없다

이 가을에

아직도 너를
사랑해서 슬프다.

○ 　　　　　　　　　　대뜸 묻고 싶어요. '사랑해서 슬프
다.' 왜 사랑하는데 슬픈 마음이 들까? 실은 이 문장은 부처님의 화
두인 '자비심慈悲心'에서 인용해 온 문장입니다. 어찌 보면 사랑할
자慈, 슬플 비悲, 마음 심心을 그대로 번역한 말이기도 합니다.

나는 한동안 생각한 적이 있습니다. 사랑하면 슬퍼질까? 슬퍼
하면 사랑할까? 얼핏 같은 맥락 같지만 조금은 어리둥절할 내용입
니다. 이러한 문제는 경험이 있는 사람만이 알 수 있는 문제이지요.
말하자면 나이가 좀 든 사람만이 알 수 있는 문제란 이야기입니다.

그런데 말입니다. 놀랍게도 중학교 학생들이 이 문장을 이해하
고 또 공감해 줘요. 한번은 어느 중학교에 가서 문학 강연을 시작
할 때 이 시를 읽어줬어요. 그런데 한 여학생이 훌쩍이기 시작하는
거예요. 강연을 마치면서 물어보니 그 여학생이 실연을 당했다 그
래요.

누구한테 그랬냐고 물었더니 같은 학교 동급생인 남학생한테
그랬다고 그래요. 그래 그 남학생을 좀 보자 했더니 여학생보다 키
도 작고 그저 그런 아이였어요. 그래 여학생한테 말했어요. "얘야,

　　　　　　　　　마이너 없이 메이저 없다

너무 그렇게 생각지 말아라. 다음에도 충분히 기회는 있고 더 좋은 사람을 만날 수 있단다."

그랬더니 아이가 조금 안심하는 표정을 보이면서도 못내 섭섭한 표정을 보여요. 요즘 중학생들이 이렇습니다. 이렇게 솔직하고 당당합니다. 이런 만남들이 나로 하여금 새로운 시를 쓰게 합니다. 참으로 감사한 일입니다.

다시 중학생에게

사람이 길을 가다 보면
버스를 놓칠 때가 있단다

잘못한 일도 없이
버스를 놓치듯
힘든 일 당할 때가 있단다

그럴 때마다 아이야
잊지 말아라

다음에도 버스는 오고
그다음에 오는 버스가 때로는
더 좋을 수도 있다는 것을!

어떠한 경우라도 아이야
너 자신을 사랑하고
이 세상에서 가장 귀한 것이
너 자신임을 잊지 말아라.

○   앞에서도 잠시 말한 것처럼 이 작품
은 문학 강연을 나갔다가 돌아오면서 쓴 작품입니다. 중학교 여학
생이 또래 남학생한테 거부당하고 나서 힘들어하는 모습을 보고 그
마음을 위로하기 위해 쓴 작품입니다. 그야말로 한 여학생이 준 작
품입니다. 가끔 독자들이 당신은 어떤 때 어떤 것에서 시적인 영감
을 받느냐 물어오는 경우가 있는데, 이런 정황이야말로 그런 물음
에 아주 적절한 대답이 아닌가 싶어요.

중학생 시절은 인생에서 가장 난해하고 중요한 시절입니다. 이
시절을 잘 넘겨야만 좋은 사람, 성공한 사람으로 살 수 있습니다.
혼란스러워하는 중학생들에게 그 어떤 해답을 좀 주고 싶다는 마음
에서 쓴 작품입니다.

그래 그런지 이 작품이 발표되자 많은 사람들이 이 작품에 관
심을 보입니다. 주로 중학생을 자식으로 둔 학부모들이 그래요. 말
하자면 자기들 마음이 이 시 속에 들어 있는 마음과 같다는 것이
지요. 이런 마음이 다 같은 인간의 마음, 인지상정人之常情이 아닌가
싶어요.

오늘은 문학관 사무실로 어느 중학교에서 연락이 왔어요. 이 시를 자기네 학교 교정에 시비로 세우고 싶으니 허락해 달라고. 나는 그 학교 이름을 묻지도 않고 그래도 좋다고 대답해 주었어요. 서로가 좋은 일입니다.

선물

하늘 아래 내가 받은
가장 커다란 선물은
오늘입니다

오늘 받은 선물 가운데서도
가장 아름다운 선물은
당신입니다

당신 나지막한 목소리와
웃는 얼굴, 콧노래 한 구절이면
한 아름 바다를 안은 듯한 기쁨이겠습니다.

○   제법 많은 독자들이 기억해 주는 나
의 시 가운데 한 편이 이 시입니다. 얼핏 보면 여자분을 상대로 해
서 쓴 것처럼 읽히지만 정작 이 시의 대상은 남자분입니다.

2005년도쯤이라고 기억됩니다. 나는 교직 정년을 앞두고 시 전
집을 준비하고 있었습니다. 시 전집 출간을 맡은 출판사의 편집장
이란 이가 내 시를 많이 좋아하는 사람이었습니다.

그는 나의 시를 교정보기 위해서 여러 차례 읽었노라 했습니다.
그것도 한두 편이 아니라 전편의 시입니다. 시를 읽는 동안 여러 차
례 울먹였다고 했습니다. 나는 그만 이 말에 마음이 움직이고 말았
습니다.

울컥! 하는 마음입니다. 이 마음이 시를 쓰게 했는데, 그 시를 읽
고 한 독자가 다시 울컥했고, 그 이야기를 듣고 내가 또 울컥한 것
입니다. 공감의 순환, 감동의 고리입니다.

나는 이내 이메일을 썼습니다. 망설임 없이 썼습니다. 엽서에 편
지 쓰듯이 쓴 글입니다. 한 군데도 고친 부분이 없지요. 곧장 그에
게 보냈습니다. 이렇게 해서 이 시는 태어난 것입니다.

'선물'은 공짜로 받는 것이고 내가 원하는 것이고 새것입니다. 그러나 선물은 물건만이 아닙니다. '오늘'도 선물이고 오늘 만난 '당신'도 선물이고 당신의 '나지막한 목소리와/ 웃는 얼굴, 콧노래' 도 선물입니다.

이러한 선물을 기쁘게 여기면서 사랑하고 감사하고 만족하며 살아가는 마음이 바로 행복으로 가는 지름길입니다. 대충 이런 내용들이 독자들의 지지를 받지 않았나 싶습니다.

마이너 없이 메이저 없다

행복

저녁 때
돌아갈 집이 있다는 것

힘들 때
마음속으로 생각할 사람 있다는 것

외로울 때
혼자서 부를 노래 있다는 것.

○ 　　　　　　　어떻게 하면 행복하게 살 수 있을
까? 행복이란 지상의 모든 사람들이 추구하는 인생의 목표입니다.
그래서 직장을 갖고 일을 하고 돈을 벌고 고민도 하고 모험도 합니
다. 때로는 자기에게는 그 행복이란 것이 없다 해서 슬퍼하고 절망
에 빠지기도 합니다.

행복. 그것은 객관이 아니고 주관입니다. 어디까지나 본인이 행
복하다고 느끼고 인정해야만 행복해지는 것입니다. 그렇다면 행복
해지는 방법은 매우 간단합니다. 그냥 나는 행복한 사람이다, 하고
인정하면 되니까요.

그런데 사람들은 그게 잘 되지 않는 모양입니다. 그건 나부터
그랬습니다. 행복이란 것은 나와는 무관한 것이라고 생각했습니다.
일단 행복해지려면 돈이 있어야 하고 잘생긴 외모가 있어야 하고
학벌이 좋아야 하고 예쁜 아내가 있어야 한다고 생각했으니까요.

여지없이 불행했지요. 불만이 쌓였고 우울과 가까웠고 짜증스
러운 날들의 연속이었습니다. 그렇게 젊은 시절을 보내고 중년의
날을 또 보내고 어느덧 초로의 나이에 이르러 문득 알게 된 것이 바

　　　　　　　　　　　　　　　　　마이너 없이 메이저 없다

로 '나는 이미 행복한 사람이다'였습니다.

스스로 몰랐던 것입니다. 다만 깨닫지 못했던 것입니다. 이 시에 나오는 세 가지 항목이 있습니다. 집과 사람과 노래. 그 세 가지만 있다면 우리는 행복한 사람들입니다. 다만 우리가 그것을 몰랐거나 스스로 인정하지 않아서 행복하지 않은 것입니다.

'집'은 물질을 대변합니다. '사람'은 사회생활을 말합니다. 또 '노래'는 문화를 말하고 자아실현을 말합니다. 어떻습니까? 여러분에게는 그런 것들이 없습니까? 있어도 충분하게 아름답게 있을 것입니다. 그렇다면 여러분은 아주 많이 행복한 사람입니다.

혼자서

무리 지어 피어 있는 꽃보다
두셋이서 피어 있는 꽃이
도란도란 더 의초로울 때 있다

두셋이서 피어 있는 꽃보다
오직 혼자서 피어 있는 꽃이
더 당당하고 아름다울 때 있다

너 오늘 혼자 외롭게
꽃으로 서 있음을 너무
힘들어하지 말아라.

마이너 없이 메이저 없다

○　　　　　　　　　　　앞의 어떤 글에서도 이미 쓴 일이 있
지만 이 시도 나에게는 기념할 만한 작품입니다. 그냥 무심코 써서
시집에 넣어 발표했는데, 어떤 중학교로 문학 강연 갔을 때 한 여자
중학생이 이 시를 낭송해 주어서 다시금 읽어보고 그 내용을 알게
된 작품입니다.

　처음 그 여학생이 이 시를 낭송해 주었을 때 나는 내가 쓴 작품
인 줄 몰랐지 뭡니까! 바로 이것입니다. 정작 글을 쓴 사람은 잊었
는데 읽은 사람이 기억해 준다는 것. 이것이 참으로 아름다운 세계
이고 고마운 일이고 놀라운 곡절입니다.

　그 뒤로는 중학교 문학 강연 갈 때마다 이 시를 읽어줍니다. 아
닙니다. 아이들한테 이 시에 대한 질문을 받습니다. 어떻게 해서 이
시를 썼는가? 이 시가 의미하는 속내는 또 무엇인가?

　가끔 아이들 앞에서 이 시를 외울 때 내가 외우는 시가 원문과
또 많이 달라서 나는 다시 한번 놀라곤 합니다. 우리가 사용하는
말에는 상생력相生力이란 것이 있습니다. 서로를 보살펴주고 살려주
는 힘을 말합니다. 그럼 내가 외우고 있는 대로 다시 한번 외워 볼

까요.

'여럿이서 피어 있는 꽃보다도/ 두셋이서 피어 있는 꽃이/ 더욱 의초로울 때 있다// 두셋이서 피어 있는 꽃보다도/ 오직 혼자서 피어 있는 꽃이/ 더욱 당당할 때 있다// 너 비록 오늘 혼자서/ 꽃으로 피어 있을지라도 너무/ 힘들어하지 말아라.'

한 시인이 쓴 시를 읽고 한 여자 중학생이 힘을 얻고, 그 여학생의 시 낭송을 듣고 시인이 다시 감동하고 힘을 얻습니다. 이것은 참 아름다운 세계입니다. 그 아름다운 세계의 하늘 무지개다리가 멀리까지 번져갑니다. 이것이야말로 더할 수 없이 아름다운 상생입니다.

마이너 없이 메이저 없다

꽃그늘

아이한테 물었다

이담에 나 죽으면
찾아와 울어줄 거지?

대답 대신 아이는
눈물 고인 두 눈을 보여주었다.

    ○   한 아이가 있었습니다. 아니 한 처녀
가 있었습니다. 한동안 같이 일을 한 사람입니다. 이런저런 일로 가
까이하는 날이 많았고 많은 말을 한 사이입니다. 서로의 속마음을
많이 들켜버린 두 사람입니다.

이쪽에서 이런 생각을 하고 있으면 저쪽에서 이내 그 생각을 알
아차리곤 했지요. 두 사람은 나이 차이가 많았습니다. 늙은 사람과
젊은 사람. 물론 늙은 사람은 나입니다.

어느 날 그 젊은 처녀에게 물었습니다. "이담에 나 죽었을 때 찾
아와 울어줄 거냐?" 그것은 또 하나 사랑의 표현 같은 것이었습니
다. 사람은 어차피 죽게 되어 있는데 그 죽음의 자리에 함께해 달라
는 요구는 매우 깊은 요구입니다. 가장 가까운 이웃이 되어달라는
요구이지요.

이런 내막을 젊은 처녀가 모를 까닭이 없지요. 다만 웃기만 할
뿐 그녀는 아무런 대답도 내놓지 않았습니다. 실지의 이야기는 거
기까지입니다. 그렇지만 나는 그다음의 내용을 써 넣었습니다.

앞부분이 사실이라면 뒷부분은 상상입니다. 앞부분이 한시에

                          마이너 없이 메이저 없다

서 전경前景이라면 뒷부분은 후정後情입니다. 말하자면 앞부분에 사실 또는 객관을 배치하고 뒷부분에 정서 또는 주관을 놓는 방식입니다.

가끔 학교에 가면 학생들이 묻습니다. 어떻게 하다가 이런 작품을 썼느냐고. 정말로 이런 아이가 있었느냐고. 그러면 대충 위와 같은 이야기를 들려줍니다. 어떤 학생은 이 시를 듣고 울먹이는 경우도 있습니다.

감정이입이 된 때문이지요. 감정이입. 이심전심. 엠퍼시empathy. 공감. 그것은 참 좋은 일입니다. 내가 네가 되고 네가 내가 되는 참 아름다운 세상. 그것이 진정한 소통입니다.

중학생을 위하여

하루에 세 번씩 반성하고
세 번씩 자신을 꾸중하라는 말씀은
오래전 옛말이다

오히려 하루에 세 번씩
자기가 한 일들을 돌아보고
세 가지를 칭찬하라

나는 오늘도 밥을 잘 먹었다
학교에 결석하지 않고 나왔다
친구들이랑 다투지 않았다

정이나 칭찬할 것이 없으면
네 굵고도 튼튼한 다리를
칭찬하라

그 다리로 하여 너는
대지를 굳게 딛고 서 있는 것이고
멀리까지 갈 수도 있는 것이다

이 얼마나 장한 일이냐!
이러한 생각 속에서
너의 세상이 달라질 것이다.

○　　　　　　　옛날 어른들은 아이들에게 '일일삼
성一日三省'을 가르치고 또 자신들도 그렇게 하려고 노력했습니다.
하루에 세 번씩 자기를 돌아보고 자기가 잘못한 일을 살피고 또 그
것에 대해서 반성하라.

　　참 좋은 가르침입니다. 그러나 요즘 세상에선 전혀 아닙니다. 그
렇게 해서는 사람이 살아남지 못합니다. 상대적 빈곤이 심하고 상
대적 박탈감이 심한 세상입니다. 그것은 젊은 친구들도 마찬가지입
니다.

　　하나같이 고달프다고 말하고 지쳤다고 하소연을 하는 젊은 친
구들입니다. 어찌 그들에게 반성하라고, 자신을 더욱 채찍질하라고
말할 수 있겠습니까. 그래서 쓴 글이 위와 같은 글입니다.

　　자신을 오히려 칭찬하고 위로하고 자신에게 더욱 잘해주라고 말
하지요. 그러면서 묻습니다. 세상에서 가장 소중한 사람이 누구냐고.
그러면 서슴없이 대답합니다. 나 자신입니다. 그러면 또 말합니다.
그러니까 너 자신에게 잘해줘라. 너 자신을 네가 먼저 사랑해라.

　　아이들이 고개를 주억거립니다. 눈빛을 반짝입니다. 이런 때 나

　　　　　　　　　　　　　　　마이너 없이 메이저 없다

는 내일의 희망을 읽습니다. 기쁨을 발견합니다. 함께 기뻐하고 함께 희망을 갖습니다. 다시 한번 감사한 일입니다.

요즘 아이들은 솔직하고 담백합니다. 꾸밈이 없습니다. 조금은 버릇이 없을 수도 있겠습니다. 그것은 하나의 미숙함으로 보아줄 문제입니다. 오히려 그러한 점을 장점으로 보아줄 때 아이들은 점점 좋은 방향으로 나아갈 것을 믿습니다.

꽃들아 안녕

꽃들에게 인사할 때
꽃들아 안녕!

전체 꽃들에게
한꺼번에 인사를
해서는 안 된다

꽃송이 하나하나에게
눈을 맞추며
꽃들아 안녕! 안녕!

그렇게 인사함이
백번 옳다.

마이너 없이 메이저 없다

○   꽃들에 대한 이야기를 하고 있지만
실은 사람에 관한 이야기이고, 삶에 대한 이야기이고, 사회에 대한
이야기입니다. 예전엔 전체주의적 경향이 많았습니다. 나를 따르
라, 그렇게 말하면서 하나 되기를 강조했습니다.

그러나 이제는 다르다고 봅니다. 공자님의 '화이부동和而不同'이
라는 말씀도 있지요. 전체적으로 조화를 이루되 똑같게는 하지 말
라는 부탁입니다. 이것이 길입니다. 이것이 바로 민주주의 사회의
근본이 되어야 하고, 살아가는 실상이 되어야 합니다.

그래서 이제 우리는 '너처럼 해봐라, 그렇게'라고 말해야 한다고
생각합니다. 하나하나의 특성과 생명력을 인정한다는 것! 그것은
아름다운 일이고 절실한 일입니다. 시대의 명령입니다.

꽃밭에 꽃들이 가득 피어 있습니다. 크고 작은 꽃, 여러 가지 종
류의 꽃들입니다. 그들에게 알은체 인사를 합니다. 그때 전체 꽃들
을 보고 한꺼번에 인사를 해서는 안 된다는 것입니다.

하지만 정말로 그렇게 하자는 이야기는 아닙니다. 모든 삶의 현
장에서 순간순간마다 그렇게 정성을 들이며 살자는 하나의 제안입

니다. 마음가짐을 그렇게 갖고 자세를 그렇게 갖추자는 이야기입니다.

　그러할 때 이쪽의 인사를 받는 저쪽의 태도도 충분히 달라질 것이라고 봅니다. 진지해질 것이고 정성스러워질 것입니다. 너와 내가 이렇게 좋은 관계를 맺을 때 세상은 조금씩 밝은 쪽으로, 아름다운 쪽으로 변해갈 것입니다.

마이너 없이 메이저 없다

묘비명

많이 보고 싶겠지만
조금만 참자.

○　　　　　　　　　'묘비명'이란 묘지에 세우는 비석에 새긴 글귀(문장)를 말합니다. 무언가 의미심장한 말을 새기겠지요. 그 사람의 일생을 대변할 수 있는 문장이 되어야 할 것이고, 그 사람만의 독특함을 표현할 수 있는 내용이 들어 있어야 할 것입니다. 그리고 길이가 짧아야 할 것입니다.

아는 대로 예를 들어보지요. '오래 버티고 살다 보면 이렇게 될 줄 알았다'(조지 버나드 쇼). '불려갔음'(에밀리 디킨슨). '일어나지 못해 미안하오'(어니스트 헤밍웨이). '살았노라, 썼노라, 사랑했노라'(스탕달). '원고지 위에서 죽고 싶다'(최인호).

실은 〈풀꽃〉 시를 나의 묘비명으로 삼아볼까 생각했습니다. 그런데 그 시를 영화에서 가져가 영화 속 주인공의 묘비명으로 했어요. 〈세상에서 가장 아름다운 이별〉이란 제목의 영화입니다. 그래서 다시 맘먹고 쓴 시가 이 작품입니다.

부처님은 말했어요. '사랑하는 사람도 갖지 말고, 미워하는 사람도 갖지 마라. 사랑하는 사람은 보지 못해서 괴롭고, 미워하는 사람은 만나서 괴로울 것이다.' 그런데도 나는 사랑하는 사람을 여러 차

　　　　　　　　　　　　　　　　　마이너 없이 메이저 없다

례 가졌습니다. 어려서부터 그랬습니다.

그야말로 보고 싶은 사람 보지 못하는 괴로움이 컸습니다. 그런 것을 알면서도 반복적으로 사랑하는 사람을 가졌고 또 보고 싶었습니다. 그것을 해결하는 것이 인생 과제 가운데 하나였습니다.

실은 이 문장은 나의 아들딸들에게 주는 문장입니다. 일종의 충고이지요. 시간을 아껴서 살아라. 열심히 살아라. 차라리 메멘토 모리Memento mori(죽음을 기억하라)를 바꾸어 쓴 말이라고 할 것입니다.

내가 너를

내가 너를
얼마나 좋아하는지
너는 몰라도 된다

너를 좋아하는 마음은
오로지 나의 것이요,
나의 그리움은
나 혼자만의 것으로도
차고 넘치니까……

나는 이제
너 없이도 너를
좋아할 수 있다.

마이너 없이 메이저 없다

○　　　　　　　　　　이 작품은 나에게 특별한 작품입니다. 이 작품은 《막동리 소묘》란 제목의 연작 시집 안에 들어 있는 작품들 가운데 한 편입니다. 그 시집에는 185편의 시가 실려 있고 모든 작품이 넉 줄짜리 4행시 형태로 되어 있습니다.

책이 발간된 것은 1980년도. 아주 오래전에 출간된 책이고 그래서 잊고 있었는데 어느 날부턴가 이 작품이 인터넷에 떠도는 겁니다. 그것도 작품 이름을 붙이고 또 시의 행과 연을 새롭게 만든 형태로 말입니다.

처음 나는 이 작품이 나의 작품이 아닌 줄 알았습니다. 그런데 내용이 똑같은 겁니다. 당초는 나의 작품인데 어느 독자가 가져다가 제목을 붙이고 또 연과 행을 새롭게 준 것입니다. 독자와 더불어 만든 작품인 셈입니다.

이렇게 독자의 힘이 무섭습니다. 막강합니다. 그 뒤로는 이 작품이 젊은 독자들에게 아주 많이 읽히는 작품이 되었어요. 나 스스로도 놀랄 일입니다. 감사할 일입니다.

독자들은 이 작품을 짝사랑을 소재로 한 작품이라고 이해해요.

그러나 나는 사랑의 본질을 노래한 작품으로 말하고 싶습니다. 행복의 문제가 그러하듯이 사랑이란 것도 결국은 자기 혼자의 문제이고 마음이 시켜서 일어나는 여러 가지 문제들이지요. 참고삼아 원작을 아래에 옮겨봅니다.

내가 너를 얼마나 좋아하는지 너는 몰라도 된다.
너를 좋아하는 마음은 오로지 나의 것이요,
나의 그리움은 나 혼자만의 것으로도 차고 넘치니까……
나는 이제 너 없이도 너를 좋아할 수 있다.

– 나태주, 〈막동리 소묘·172〉

마이너 없이 메이저 없다

사랑에 답함

예쁘지 않은 것을 예쁘게
보아주는 것이 사랑이다

좋지 않은 것을 좋게
생각해 주는 것이 사랑이다

싫은 것도 잘 참아주면서
처음만 그런 것이 아니라

나중까지 아주 나중까지
그렇게 하는 것이 사랑이다.

○   사랑의 실체를 밝히기는 어렵습니다. 사랑을 어떻게 해야만 하는가를 말하기도 어렵습니다. 사랑. 그 것은 천의 얼굴이고 천의 마음을 가진 신비 그 자체입니다. 아무리 정복해도 정복되지 않는 처녀럼이고 그 누구도 가 닿을 수 없는 비 밀의 섬입니다.

그래도 나는 사랑에 대해서 알고 싶었고 한 번이라도 제대로 된 사랑을 해보고 싶었습니다. 그러다가 나이 들어서 조금씩 알게 되 었지요. 사랑이란 것은 예쁘지 않은 것을 예쁘게 보아주는 마음이 고, 좋지 않은 것을 좋게 보아주는 마음이라는 것을.

사랑의 원본은 아무래도 어머니가 아기를 사랑하는 마음에 있 다 하겠습니다. 그 숭고하기까지 한 사랑. 희생과 봉사와 노역을 마 다하지 않는 사랑. 결국 사랑은 참지 못할 것을 참는 마음이고, 기 다리지 못할 것을 기다리는 마음이고, 더 나아가 져주기도 하는 마 음입니다.

가끔 나는 결혼식 주례를 섭니다. 주례를 설 때마다 빼놓지 않 고 들려주는 시가 바로 이 시입니다. 더불어 이런 말도 합니다. 사랑의 게임에서는 더 많이 사랑하는 사람이 져주기도 한다. 기를 쓰고 끝까지 이기려고만 하지 마라.

이기는 듯하면서 지고, 지는 듯하면서도 이기는 것이 사랑의 게임입니다. 그것을 왜 젊은 시절에 몰랐을까? 나부터 후회스러운 심정입니다. 젊어서 일찍 그런 것을 알았더라면 보다 더 좋은 쪽으로 사랑을 하고 헤어지더라도 원망을 줄이면서 헤어질 수 있었을 텐데 말입니다.

한 사람 건너

한 사람 건너 한 사람
다시 한 사람 건너 또 한 사람

애기 보듯 너를 본다

찡그린 이마
앙다문 입술
무슨 마음 불편한 일이라도
있는 것이냐?

꽃을 보듯 너를 본다.

마이너 없이 메이저 없다

○   나에게는 늘 '한 사람'이 있었습니
다. 많은 사람 가운데 한 사람입니다. 그 한 사람이 여러 사람 가운
데 섞여 있어도 나는 대뜸 그 사람을 알아보았습니다. 나의 눈이 알
아보는 것이 아니라 나의 마음이 알아보는 것이었습니다.

　　나는 가끔 사람의 얼굴에만 눈이 있는 게 아니라 마음에도 눈이
있다고 생각합니다. 아닙니다. 눈과 마음이 합쳐진 그 어떤 새로운
눈입니다. 그냥 눈이 아니라 마음을 가진 눈입니다. 아무리 꽃이 예
쁘게 피어 있어도 마음속에 꽃이 없는 사람에겐 그 꽃이 꽃으로 보
이지 않습니다.

　　나중에 물어보지요. 거기에 꽃 피어 있었는데 그것을 보았느냐?
보지 못했다고 대답합니다. 그건 사람에 대해서도 그렇습니다. 자
기 마음의 눈이 가서 머물러야만 예쁜 사람은 예쁜 사람이고 좋은
사람은 좋은 사람이 되는 것입니다.

　　좋은 사람은 금방 보고 나서도 보고 싶습니다. 어떤 유행가 가
사 내용처럼 '보고 있어도 보고 싶은 마음'이 있습니다. 갈증입니다.
이런 사랑을 불교에서는 갈애渴愛라고 부릅니다. 목마른 사랑이라

는 것이지요.

그렇습니다. 이 세상 모든 사랑은 의젓하지 않고 느긋하지 않습니다. 조바심을 냅니다. 불안합니다. 서성댑니다. 마냥 서툴기만 합니다. 그런데도 사랑을 멀리 보낼 수가 없습니다. 어떻게 보면 형벌이지요. 스스로 자청해서 받는 형벌입니다.

그래도 그런 형벌의 시간이 있었기에 하마터면 보지 못할 뻔했던 세계를 보고 느끼지 못했을 마음을 느낍니다. 힘들고 괴로웠다 해도 후회하지 않을 마음, 그 용기와 자신이 거기에 남습니다.

마이너 없이 메이저 없다

시

마당을 쓸었습니다
지구 한 모퉁이가 깨끗해졌습니다

꽃 한 송이 피었습니다
지구 한 모퉁이가 아름다워졌습니다

마음속에 시 하나 싹텄습니다
지구 한 모퉁이가 밝아졌습니다

나는 지금 그대를 사랑합니다
지구 한 모퉁이가 더욱 깨끗해지고
아름다워졌습니다.

　　　　　　　　　○　　　　　　　　　　　가끔 독자들이 묻습니다. 당신 자
신이 아끼는 작품은 무엇이냐고. 아무래도 데뷔작을 잊을 수 없어
1971년 서울신문 신춘문예 당선작인 〈대숲 아래서〉를 말합니다.
그러고 나서는 바로 위의 작품 〈시〉를 듭니다.

　　나는 오랫동안 시를 써오면서 시에 대해서 관심이 많았습니다.
시란 무엇일까? 특히 나에게 시란 무엇일까? 그리고 시인에 대해서
도 마음이 많이 갔습니다. 시인은 어떻게 살아야 할까? 시인의 본
질은 무엇일까? 그래서 여러 차례 같은 제목으로 글을 썼습니다.

　　'시'를 소재로 하여 쓴 시 가운데 첫 번째 시가 바로 위의 시입
니다. 실상 한 편의 시는 매우 왜소한 것이고 그 영향력 또한 미미
한 것입니다. 마당을 쓰는 일, 한 송이 꽃이 피어나는 일과 같이 아
주 작은 일이고 평범한 일입니다.

　　그렇지만 그 일은 놀라운 일이고 커다란 일입니다. 지구를 살리
는 일이고 지구를 지키는 일이기 때문에 그렇습니다. 여기에 얹어
서 생각해 봅니다. 내가 누군가를 사랑하는 일. 그것은 더욱 지구를
살리는 일이고 지구를 지키는 일입니다.

　　　　　　　　　　　　　　　마이너 없이 메이저 없다

애당초 이것을 잊지 말았어야 했습니다. 우리들의 삶은 그 어떠한 삶도 무의미한 것이 아니고 위대하기까지 한 것입니다. 직장에서 서류 한 장을 꾸미는 일, 집에서 밥을 짓거나 청소를 하는 일까지도 훌륭한 일입니다.

그것이 진정 그러할 때 우리네 인생은 지극히 의미 있는 인생이 됩니다. 시는 바로 이러한 사소한 삶 가운데 위대한 존재로 자리를 잡습니다.

꽃

예뻐서가 아니다
잘나서가 아니다
많은 것을 가져서도 아니다
다만 너이기 때문에
네가 너이기 때문에
보고 싶은 것이고 사랑스런 것이고 안쓰러운 것이고
끝내 가슴에 못이 되어 박히는 것이다
이유는 없다
있다면 오직 한 가지
네가 너라는 사실!
네가 너이기 때문에
소중한 것이고 아름다운 것이고 사랑스런 것이고 가득한
것이다
꽃이여, 오래 그렇게 있거라.

마이너 없이 메이저 없다

○   이 작품은 내가 정지용문학상을 받
은 작품입니다. 나의 작품이 원래 밋밋하고 특별한 기교나 시적인
장치가 없어 평론가들에게는 그다지 환영을 받지 못합니다. 그래서
문학상을 받을 때도 그런 점이 걸림돌이 되곤 했지요.

아마도 정지용문학상을 결정할 때도 심사위원들이 애를 먹었을
것입니다. 특별한 작품, 두 눈에 확 들어오는 작품이 별로 없어서
그랬지요. 그런 가운데 용케 골라낸 작품이 이 작품입니다.

그런데 이 작품이 발표된 이후 시 노래를 부르는 가수들에 의해
노래로 작곡되어 불리고 있어서 역시 평론가의 시선과 일반 독자나
타 분야 예술가들의 시선은 다르구나 싶었습니다.

한 사람을 사랑합니다. 가슴에 간직한 채 오랜 날을 살아갑니다.
그런 문맥 안에서 읽히는 내용들입니다. 사랑한다는 그 자체를 사
랑합니다. 사랑하는 대상의 어떤 특징이나 장점, 이점 때문에 사랑
하는 것이 아니라는 강변이 들어 있습니다.

'다만 너이기 때문에/ 네가 너이기 때문에/ 보고 싶은 것이고
사랑스런 것이고 안쓰러운 것이고/ 끝내 가슴에 못이 되어 박히는

것이다/ 이유는 없다/ 있다면 오직 한 가지/ 네가 너라는 사실!/ 네가 너이기 때문에/ 소중한 것이고 아름다운 것이고 사랑스런 것이고 가득한 것이다'라는 내용은 하나의 발견과 같은 것이고 나름대로 각성이기도 합니다.

얄팍한 수단으로 살지 말고 목적 지향으로 인생을 살아야 할 일입니다. 사람을 사랑하더라도 사랑하는 마음 그 자체를 소중히 간직하면서 사랑해야 할 일입니다.

마이너 없이 메이저 없다

여행의 끝

어둔 밤길 잘 들어갔는지?

걱정은 내 몫이고
사랑은 네 차지

부디 피곤한 밤
잠이나 잘 자기를…….

○　　　　　　　　　아주 단출하고 조금은 불완전해 보
이는 작품입니다. 무언가 많이 부족한 듯한 작품입니다. 헐거운 느
낌이 대번에 옵니다. 그런데, 그런데 말입니다. 젊은 독자들이 이 작
품을 좋아하는 것을 보고 나도 놀랐습니다.

　　꽉 찬 시가 아니고 엉성한 시이고 헐거운 시입니다. 불완전한
시입니다. 그런데 정작 독자들은 그 헐겁고 불완전한 부분을 좋아
합니다. 왜 그럴까요? 자기들의 몫이 있기에 그런 것입니다. 여분이
있는 부분, 공백의 부분으로 자기들의 마음을 들여보냅니다.

　　하나의 참여이고 소통입니다. 소통이야말로 공감의 가장 좋은
방법입니다. 소통이 없을 때 질서는 깨어지고 생명력은 저하되고
조화로운 세계는 불가능해집니다. 그러므로 여기서 조금은 모자란
듯한 작품도 필요하다는 생각이 듭니다.

　　해외여행을 함께 갔다가 오는 길이었습니다. 비행기 안에서 곤
하게 잠든 모습을 보았습니다. 공항에서 대절 버스로 도착지까지
돌아왔습니다. 이제는 여행 일정도 끝나고 각자 집으로 돌아가는
시간. 그 아이의 집은 교외에 있었습니다.

　　　　　　　　　　　　　　　마이너 없이 메이저 없다

자가용을 운전해서 가야 할 어두운 밤길입니다. 집으로 돌아와서도 내내 그 아이가 걱정이 되었습니다. 집으로 잘 들어갔는지? 잠이나 잘 자고 있는지? 염려하고 걱정하는 마음이 사랑이란 것을 다시 한번 깨닫는 밤이었습니다.

여행은 사람을 철들게 합니다. 자기를 돌아보게 합니다. 조금씩 성숙하게 만들어줍니다. 마음의 등불을 밝게 해줍니다. 여행을 좋아하는 여러분도 이런 경험이 많을 것으로 압니다.

멀리서 빈다

어딘가 내가 모르는 곳에
보이지 않는 꽃처럼 웃고 있는
너 한 사람으로 하여 세상은
다시 한번 눈부신 아침이 되고

어딘가 네가 모르는 곳에
보이지 않는 풀잎처럼 숨 쉬고 있는
나 한 사람으로 하여 세상은
다시 한번 고요한 저녁이 온다

가을이다, 부디 아프지 마라.

마이너 없이 메이저 없다

○ 　　　　　　　　나는 지금까지 살면서 몇 차례 죽을
고비를 맞았습니다. 지난 2007년, 교직 정년을 앞두고 쓸개가 완전
히 터져 그야말로 죽을 고비를 맞았습니다. 분명히 죽는 건데 살았
습니다. 그 사연을 다 밝힐 수는 없는 일이지만, 여하튼 살아난 다
음의 감회가 남달랐습니다.

그 이후로 시 작품도 달라졌습니다. 아등바등하면서 꾸며서 쓴
시가 아니고 턱 내려놓고 쓰는 시가 되었습니다. 이 시도 바로 그런
시 가운데 한 편입니다. 그로부터 몇 해 뒤 가을. 멀리 있는 사람, 더
러는 이름을 잊은 사람들까지 그리운 마음이 들었습니다.

그립다. 이것은 내 인생의 가장 큰 난제이며 내 시의 대주제입
니다. 나의 시들은 거의 모두가 이 그리운 마음을 담고 있고 그리운
마음이 제대로 표현되었을 때 좋은 평을 받을 수 있었습니다.

이 시는 세 개의 연으로 되어 있지만, 그 내용은 두 부분으로 나
누어집니다. 1연과 2연이 한 부분이고 3연, 마지막 한 줄이 또 한
부분입니다. 그런 점에서 이 시도 후반부에 반전이 있는 작품이라
고 할 수 있겠습니다.

앞부분, 1연과 2연은 화려하고 아름답습니다. 인간의 언어입니다. 문장도 길고 아름답지만 그것은 뒤에 나오는 오직 한 줄의 문장을 위한 준비 작업에 지나지 않습니다.

핵심은 역시 '가을이다, 부디 아프지 마라.'입니다. 행은 하나이지만 그 안에 두 개의 문장이 들어 있습니다. 마음이 바쁘고 호흡이 가빠서 그렇습니다. 단도직입적으로 '가을이다'를 밝히고 '부디 아프지 마라'고 명령어로 말합니다. 그러므로 강렬합니다. 바로 여기서 '멀리서 빈다'란 제목도 왔습니다.

아이들은 참 영리합니다. 아니 그들의 영혼의 능력이 밝습니다. 이 작품을 읽어주고 어느 대목이 좋았으며 마음을 울렸느냐고 물으면 대뜸 마지막 구절을 댑니다. 역시 시로 통하는 영혼의 세계 그 하늘에 뜬 무지개다리입니다.

마이너 없이 메이저 없다

어머니 말씀의 본을 받아

나태주

어려서 어머니 곧잘 말씀하셨다
얘야, 작은 일이 큰일이다
작은 일을 잘하지 못하면 큰일도 잘하지 못한단다
작은 일을 잘하도록 하려무나

어려서 어머니 또 말씀하셨다
얘야, 네 둘레에 있는 것들을 아끼고 사랑해라
작은 것들 버려진 것들 오래된 것들을
부디 함부로 여기지 말아라

어려서 그 말씀의 뜻을 알지 못했다
자라면서도 끝내 그 말씀을 기억하지 않았다

보다 넓은 세상으로 나아가 얼른
더 많은 사람들과 어울려 살고 싶었다

그러나 나는 하루 한 날도
평화로운 날이 없었고 행복한 날이 없었다
날마다 날마다가 다툼의 날이었고
날마다 날마다가 고통과 슬픔의 연속이었다

이제 겨우 나이 들어 알게 되었다
어머니 말씀 속에 행복이 있고
더할 수 없이 고요한 평안이 있었는데
너무나 오랫동안 그것을 잊고 살았다는 것을

그리하여 나 젊은 사람들에게 말하곤 한다
작은 일이 큰일이니 작은 일을 함부로 하지 말아라
네 주변에 있는 것들이며 사람들을 소중히 여겨라

어머니 말씀의 본을 받아 타일러 말하곤 한다

지금껏 우리는 인생을 어떻게 살아야 할 것인가보다는
무엇을 위해 살아야 하는가에 목을 매고 살았다
기를 쓰고 무엇인가를 이루려고만 애썼다
명사형 대명사형으로만 살려고 했다

보다 많이 형용사와 동사형으로 살았어야 했다
남의 것을 부러워하기보다는 내 것을 더 많이
사랑하고 아끼고 소중히 여기며 살았어야 했다
내가 얼마나 귀한 사람인가를 처음부터 알았어야 했다

당신의 행복은 어디에 있는가?
애당초 그것은 당신 안에 있었고
당신의 집에 있었고 당신의 가족, 당신의 직장 속에 있었다
이제부터 당신은 그것을 찾기만 하면 되는 일이다.

○　　　　　고마워요. 함께 먼 길 와줘서 고마워요. 실은 나도 학생들이나 젊은이들을 대상으로 하는 강의 노트 같은 책을 한 권 갖고 싶었는데 마침 샘터사에서 책을 써달라고 그래서 쓴 책이 바로 이 책이에요.

이미 내 책에 들어 있는 내용들도 있어요. 그렇지만 젊은 세대들에게 주는 책이라 해서 의미가 있겠고, 그들의 눈높이나 생각에 맞추어 글을 썼기에 의미가 있을 것이라고 보아요. 나는 이제 이 책에서 내려가려고 해요. 당신도 이 책에서 나와 자기 일을 하기 바라요.

위의 시는 정신과 의사들이 학술 세미나 행사를 하면서 거기에 맞는 시를 한 편 써달라는 요청을 해와 쓴 시예요. 오늘날 우리들의 삶을 돌아보고 어떻게 살았으면 좋겠는가, 그런 생각으로 쓴 글이지요.

시에 대한 설명은 굳이 필요하지 않을 것이에요. 나의 시가 다 그렇지만 이 시 또한 읽는 대로 이해가 되고 전달이 될 것이에요. 다만 나의 소망은 나의 시를 읽고 난 독자들이 나와 함께 같은 생각을 가질뿐더러 그들의 삶까지 조금씩 바꾸는 일이 일어나기를 바라는 마음이에요.

　정말 여기서 우리 인사를 해요. 내일의 더 좋은 만남, 더 밝은 만남을 위해 오늘은 여기서 헤어져 서로가 휴식의 시간을 갖기로 해요. 그동안 고마웠어요. 수고했어요. 다시 한번 안녕을 빌어요. 안녕히!

다음 세대에 전하고 싶은 한 가지는 무엇입니까?

다음 세대를 생각하는 인문교양 시리즈 **아우름**

01 손잡지 않고 살아남은 생명은 없다 | 최재천

★ 아침독서신문 청소년 추천도서 ★ 청소년 북토큰 도서 ★ 학교도서관저널 추천도서 ★ 세종도서 교양도서

02 사랑할 시간이 그리 많지 않습니다 | 장영희

★ 세종도서 문학나눔 도서

03 왜 주인공은 모두 길을 떠날까? | 신동흔

★ 세종도서 문학나눔 도서 ★ 책따세 추천도서 ★ 도서문화재단 씨앗 주제도서

04 인연이 모여 인생이 된다 | 주철환

05 배움은 어리석을수록 좋다 | 우치다 타츠루

★ 올해의 청소년 교양도서 ★ 청소년 북토큰 도서

06 내가 행복한 곳으로 가라 | 김이재

07 새로운 생각은 받아들이는 힘에서 온다 | 김용택

08 노력은 외롭지 않아 | 마스다 에이지

09 내가 읽은 책이 곧 나의 우주다 | 장석주
★ 아침독서신문 청소년 추천도서 ★ 세종도서 교양도서

10 산도 인생도 내려가는 것이 더 중요하다 | 엄홍길
★ 아침독서신문 청소년 추천도서

11 나는 매일 감동을 만나고 싶다 | 히사이시 조

12 정의, 나만 지키면 손해 아닌가요? | 김경집
★ 올해의 청소년 교양도서 ★ 학교도서관저널 올해의 책 ★ 아침독서신문 청소년 추천도서 ★ 청소년 북토큰 도서

13 자신만의 하늘을 가져라 | 강판권

14 내 삶의 길을 누구에게 묻는가? | 백승영

15 옛 거울에 나를 비추다 | 공원국

16 세상은 보이지 않는 끈으로 연결되어 있다 | 최원형
★ 세종도서 교양도서 ★ 환경정의 선정 올해의 청소년 환경책 ★ 아침독서신문 청소년 추천도서

17 감정은 언제나 옳다 | 김병수

18 큰 지혜는 어리석은 듯하니 | 김영봉

19 우리는 모두 예술가다 | 한상연
★ 아침독서신문 청소년 추천도서

20 인공지능, 아직 쓰지 않은 이야기 | 고다마 아키히코

21 틀려도 좋지 않은가 | 모리 츠요시

22 고운 마음 꽃이 되고 고운 말은 빛이 되고 | 이해인
★ 아침독서신문 청소년 추천도서 ★ 학교도서관저널 추천도서 ★ 책따세 추천도서